U0637665

江苏师范大学巴基斯坦研究中心

巴基斯坦研究

第二辑

孙红旗　主编

中国社会科学出版社

图书在版编目（CIP）数据

巴基斯坦研究.2016年.第1辑：总第2辑/孙红旗主编.—北京：中国社会科学出版社，2017.1

ISBN 978 - 7 - 5203 - 0293 - 7

Ⅰ.①巴…　Ⅱ.①孙…　Ⅲ.①巴基斯坦—研究—文集　Ⅳ.①D735.3 - 53

中国版本图书馆 CIP 数据核字（2017）第 092384 号

出 版 人	赵剑英
责任编辑	卢小生
责任校对	周晓东
责任印制	王　超

出　　版	中国社会科学出版社
社　　址	北京鼓楼西大街甲 158 号
邮　　编	100720
网　　址	http：//www.csspw.cn
发 行 部	010 - 84083685
门 市 部	010 - 84029450
经　　销	新华书店及其他书店

印　　刷	北京明恒达印务有限公司
装　　订	廊坊市广阳区广增装订厂
版　　次	2017 年 1 月第 1 版
印　　次	2017 年 1 月第 1 次印刷

开　　本	787 × 1092　1/16
印　　张	9.75
插　　页	2
字　　数	207 千字
定　　价	48.00 元

凡购买中国社会科学出版社图书，如有质量问题请与本社营销中心联系调换

电话：010 - 84083683

版权所有　侵权必究

目　　录

巴基斯坦、阿富汗和普什尼斯坦问题

[巴基斯坦] 玛萨拉特·阿比德

  普什尼斯坦，或称普什图尼斯坦，为阿富汗政府企图在其边境巴基斯坦部分建立的假想国，该边境即为举世闻名的杜兰德线。[①]

  普什尼斯坦问题多年来极大地影响了阿富汗与巴基斯坦两国的关系。本文旨在集中探讨普什尼斯坦在利雅卡特·阿里·汗任总理期间（1947—1951 年）的一系列问题。

  在此期间，普什尼斯坦问题几经讨论却未能解决。外界屡次做出尝试来解决该问题，并希望使巴阿关系正常化。然而，由于阿富汗政府采取不让步、不妥协的态度，以上尝试均宣告失败。阿富汗政府在主张普什尼斯坦独立化过程中宣称其并未对巴基斯坦抱有任何领土野心。就连普什尼斯坦一词究竟有何意都不甚明了。起先，他们的要求不过是给予巴基斯坦西北边境省以普什尼斯坦这一新名称。[②]此外，阿富汗政府还希望该省能够获准享受巴基斯坦国内的特殊地位（或自治地位）待遇。不久后，阿富汗政府开始声称位于杜兰德线巴基斯坦一侧的联邦直辖部落地区为普什尼斯坦名下的主权地区。[③]值得注意的是，即便此前阿富汗政府仅仅是正式要求其西北边境省份更改名称，并保证其不会被旁遮普省兼并，喀布尔纸媒及电台的舆论仍未真正就该省份

  [作者简介] 玛萨拉特·阿比德（Massarrat Abid）：巴基斯坦旁遮普大学巴基斯坦研究中心主任兼人文社会学院院长，江苏师范大学巴基斯坦研究中心兼职研究员。

  ① The Durand Line was the agreed frontier between Afghanistan and the British India from 1893. The Durand Agreement was made between the Afghan and Indian governments with the object of fixing the limit of their respective spheres of influence.

  ② The N. W. F. P. of Pakistan consists of the territory bounded by Afghanistan to the West and North, by Kashmir, Gilgit and the Punjab to the east and by Baluchistan to the South.

  ③ Pushtoonistan: A Myth, Liaquat Ali Khan's statement in the Constituent Assembly of Pakistan, 9th June, 1950, p. 1.

及联邦直辖部落地区加以区分①，并寻求两方的独立。的确，阿富汗政府曾明确声称其不承认该省份为巴基斯坦的一部分。让该地居民举行公投来自行决定未来的进程也被提前。显然，阿富汗一方的态度是矛盾的，更显而易见的是，阿富汗政府不希望巴基斯坦在西北边境省份及联邦直辖部落地区保有任何权威。

　　巴基斯坦政府拒绝了阿富汗，后者声称西北边境省份及联邦直辖部落地区人民支持普什图尼斯坦的自由与独立，巴基斯坦的立场，利雅卡特·阿里·汗已多次提及。1950 年 1 月 9 日，在回答制宪会议的问题时，他强调，所谓的"自由普什尼斯坦"的呼声完全是某些阿富汗人的凭空想象。② 他进一步指出，位于杜兰德线巴基斯坦一侧的西北边境省及联邦直辖部落地区人民不仅仅是善良的巴基斯坦人民，也和那些同他们一起争取巴基斯坦独立的印巴次大陆穆斯林一样，为自己在这场斗争中的显著地位而感到骄傲。此外，利雅卡特·阿里·汗还提请阿富汗政府注意一个事实，即巴基斯坦在国际法的范畴中继承了前印度政府和英国政府的权利与义务，且关于杜兰德线与普什尼斯坦的主张是毫无根据的。与之相反，巴基斯坦人完全愿意改善与临近的穆斯林国家的关系。不过，可以理解的是，他们拒绝讨论任何旨在推翻杜兰德线的合法性的疑问。这类对话的进行对巴基斯坦政府有百害而无一利。对于杜兰德线合法性探究的纵容会给人以一种该问题仍未最终解决的印象。就巴基斯坦方面来看，避免巴基斯坦和阿富汗之间的紧张关系势在必行。表面上看，相比英国人，一位巴基斯坦穆斯林更容易与阿富汗穆斯林保持友好关系，但实际上，要想做到这一点还是比较困难的。此外，有时双方关系异常紧张，阿富汗人抱有着异常极端的态度，以至于改善紧张的双边关系显得遥遥无期。巴基斯坦作为英国在印度西北部的继承者，既继承了其债务，又继承了其资产，但事实证明，该项遗产带来不少麻烦。

---

① Until 1901, the Frontier was administered as a part of the Punjab. In that year Lord Curzon created the N. W. F. Province as a separate unit. The Frontier was divided into two parts. The eastern constituted the N. W. F. Province. The districts of Peshawar, Kohat, Bannu, Dera Ismail Khan and Hazara being separated from the Punjab to form the Province. On the west and north, between the province and the Durand line, lay the second portion of the Frontier. It was known as the Tribal Areas. The Tribal Areas extended from the Hindu Kush in the north to the Gomal pass in the south. For administrative reasons these areas were subdivided into six political agencies; i. e., Malakand, Mohamand, the Khyber, Kurram, North Waziristan and South Waziristan. The Tribal Areas were unadministered territory in the sense that the Governor of the province, known before 1937 as Chief Commissioner, was the agent to the Governor – General and was not, strictly speaking, Governor. The constitutional position was defined in the Government of India Act 1935; legally the Governor – General was Agent – General for the Tribal Areas. The Government of India did not administer the area adjoining the Durand line through civil officers; but in order to maintain law and order, tribal levies were employed. The Tribal areas were clearly regarded by the British as part of India. The terms of the Anglo – Afghan Treaties of 1919 and 1921 made it clear that the Tribal Areas on the east of the Durand line were not part of Afghanistan.

② Liaquat's statement, 9th Jan., 1950, op. cit., p. 1.

　　西北边境形势是由英国撤离印度造成的。当印度权力交接即将开始时，阿富汗政府毫不掩饰地表达了他们调整边境的愿望。一直以来，该政府一直声称帕坦地区划归印度是不公正的，阿富汗政府不承认其与英国政府签订的关于印度独立的条约具有约束力。他们似乎都认为，帕坦地区的现状在某种程度上不适用于这些条约，因此，英国没有权力采取单方面行动，将它们归属到另一个地区。他们认为，这些地区从来就不是印度不可分割的一部分，且杜兰德线不是国际承认的巴基斯坦边界。他们声称，联邦直辖部落地区既不属于阿富汗也不属于巴基斯坦的领土。但英国政府多次提醒阿富汗，根据1921年签订的条约（英国和阿富汗政府之间签订的），阿富汗人承认杜兰德线为印度的边境，印度国内的权力更迭并没有影响到各项条约的有效性，且巴基斯坦应在条约下履行的所有权利和义务。而有人认为，联邦直辖部落地区及西北边境省从来不属于印度，这一观点受到英国政府的否决。但阿富汗政府并未接受这一决定。①

　　阿富汗政府正在关注所有关于1947年及之前在印度次大陆的政治发展进程。早在1944年，西北边境省就曾建议印度获准其独立，认为帕坦人应该被允许决定自己的未来。但英国认为，既然该省份及联邦直辖部落地区位于印度国内，这件事便不是阿富汗政府可以插手的。当决定举行全民公投从而使西北边境省的居民可以决定是被巴基斯坦还是被印度接纳之时，阿富汗政府决定再次发力。他们认为，所有位于印度河西北的居民其实是真正的阿富汗人，且应该有机会决定他们是否希望被喀布尔管辖。② 阿富汗政府表示，希望西北边境省不仅应该享有是否加入巴基斯坦或印度斯坦的选择权，同样也应享有成为阿富汗的一部分或是成为一个独立的国家的选择权。③ 阿富汗还试图通过搬出俄罗斯来威慑英国。有人指出，英国若不听取阿富汗政府的意见，俄罗斯一定会在联合国支持其立场。显然，阿富汗正在寻求威慑英国的途径，从而使本倾向于放弃的英国对于普什尼斯坦行动给予更大的关注。④ 如今英国政府甚至拒绝任何外国政府插手次大陆人民的各种权利。有争议的地区是印度不可分割的组成部分，阿富汗在1919年和1921年英阿条约中也表明了相同的立场。⑤ 此外，鉴于英国经济和战略的考虑，这样做也是必然的。就英国而言，其认为西北边境省应属于印度分属两个地区中的至少一个。英国人认为，英国是在努力让印度地区进行宪政上的改革，而整个亚洲中部

　　① British Foreign Office Paper on "The Background of Pathanistan", SEA/12/49, 28 Feb., 1950, F. O. 371/83051, Public Record Office, London.

　　② A. Swinson, N. W. F., People and Events (London, 1967), p. 338.

　　③ Out Telegram from Sec. of State for India to His Majesty's Minister, Kabul, 7 July, 1947, L/WS/1/1033, India Office Record (IOR), London.

　　④ Kabul Despatch No. 55, June 1947, Record on Afghanistan, R. 12/178, IOR.

　　⑤ "The Background of Pathanistan", F. O. 371/8051 PRO.

的和平、繁荣有赖于此；因此，为了阿富汗及印度的福祉，阿富汗政府不应让英国的努力变得麻烦。① 然而，阿富汗的政策几乎没有相应改动，喀布尔也在不断坚持这块面积相当于杰赫勒姆的土地应属阿富汗，且认为联邦直辖部落地区应争取普什尼斯坦的独立。②

在印度的分区事宜决定之后，便决定在西北边境省举行公投以确定该地区的人民是希望加入印度还是巴基斯坦。当政府宣布决定举行全民公投之时，西北边境省的情况变得十分危急。受印度某些势力态度的影响，形势变得极其复杂。印度国大党虽名称上无法探究其来源，但从本质上说仍是印度教组织。该组织长期以来一直得到西北边境省反英分子的支持，尤其是来自"红衫军"领导人阿卜杜勒·加法尔·汗的支持。在与他们结盟之时，国会仍在当权，加法尔·汗的兄弟卡恩萨希布任部长。然而，彼时西北边境省内穆斯林对国会的大多数民意支持都在"消失殆尽"③，似乎当成为隶属于独立印度的印度教拉吉的曙光开始显现之时，帕坦人对国大党的忠诚便已开始转变。④ 蒙巴顿勋爵于 1947 年 3 月接任印度最后一任总督之位，由省级穆斯林联盟发起的针对国会部门的非暴力反抗运动便已开始，彼时国会已逮捕大批穆斯林盟员。⑤ 当蒙巴顿勋爵于 1947 年 4 月访问西北边境省时，有 5 万—7 万帕坦人聚集在白沙瓦以表示其对国会部门缺乏信心。⑥ 鉴于这种情况，蒙巴顿认为，在全省举行公投以确定人民希望其省份纳入印度还是巴基斯坦尤为重要。奎德－阿扎姆对此表示同意，但国会领导人反对该提案。国会领导人反对该提案的真正原因在于担心人民的决定会违背他们的决断。此后，国会则试图说服蒙巴顿选民在公投中应增加第三种选择，那就是保持独立。⑦ 这种需求令蒙巴顿感到惊讶，因为正是为了回应国会请求，蒙巴顿才终止了其原本的巴尔干化的计划，而该计划旨在使每个印度省份均能投票选择巴基斯坦、印

① Pol. Developments in India, 1947, Tel. S. of S. to Kabul, 7 July, 1947, L/WS/1/1033 IOR.

② Speech by Sardar Faiz Mohammad Khan, an ex – Afghan Foreign Minister, Ambassador at Ankara, quoted in tel from Govt. of India to S. of S. for India, 7 July, 1947, L/WS/1033.

③ Hodson, H. V., The Great Divide, London, 1969, p. 278.

④ Ibid., p. 278.

⑤ According to Viceroy's Report No. 6 of 8 May 1947, there were about five thousand prisoners, Transfer of Power (hereafter, T. P.), Vol. X, 354.

⑥ According to some eyewitnesses, the Congress Ministry had exercised all possible means for checking the large caravans coming to participate in the demonstration. Interviews of Begum Salma Tasadaq Hussain and Begum Mumtaz Jamal to Sarfraz Mirza, Muslim Women Role in Pakistan Movement, Lahore, 1969.

⑦ Ltr., Kriplani to Mountbatten, 2 June, 1947, T. P., S1, 35.

度，或是独立。① 国会很难指望蒙巴顿单单为了西北边境省而选择独立。尽管如此，国内党派还是压制了这一需求。分治计划一经公布，卡恩萨希布政府便表示，除非将"普什尼斯坦独立"列为第三选项，否则将拒绝配合公投。蒙巴顿试图向卡恩萨希布解释道，第三种选择确定被国会否决。即便如此，这样的呼声仍在持续。② 相反，国会宣布将抵制公投。

有趣的是，阿富汗要求公投必须给予西北边境省以独立的选择并与国会呼声一致。虽然双方都对该问题十分关心，在对"普什尼斯坦"的理解上，两者还是存在一定的分歧。毫无疑问，阿富汗似乎将普什尼斯坦定义为喀布尔影响范围内帕坦地区的一个独立区间。而国会则似乎已经表明，普什尼斯坦应为印度的一个半自治区域。一些文件清楚地表明，国会无意让普什尼斯坦在印度影响之下保持独立。在与蒙巴顿的一次会议中，尼赫鲁公开表态，西北边境省单靠其一家之力无法收场。该次会议的记录也显示，尼赫鲁指出，卡恩萨希布希望在后续阶段加入印度联盟。③ 尼赫鲁此后与驻印度副高级专员的通信中也表达了类似观点，即自由普什尼斯坦的想法并不意味着与印度的完全独立或隔离。④ 国会无意促成西北边境省与阿富汗的融合。甘地也明确表示："边境地区领导人是不会允许其边境为阿富汗所吞噬的。"⑤

虽然国会及阿富汗就普什尼斯坦未来走向问题持不同看法，他们的目标却是相似的：尽可能地将巴基斯坦以更大的个体分裂出去。显然，他们的努力方向各不相同。然而，事实在不久后也越发清晰，即这两方其实在互帮互助。一些英国官员认为，阿富汗要求在边境公投中引入第三种选择是受到国会启发。这种观点是基于以下事实，即阿卜杜勒·加法尔·汗曾在西北边境省公投前不久拜访了喀布尔。在此期间，阿卜杜勒·加法尔·汗与阿富汗官方进行了联系，并商讨了在公投中引入第三种选择的事宜。⑥ 虽然国会希望阿富汗继续保持其独立普什尼斯坦的要求，但却无意让这一新的地区在喀布尔的影响之下。1947 年 6 月下旬，阿富汗人提出派遣官员与印度领导人就边境问题进行"非正式会谈"。作为一支外国力量，阿富汗人没有权力插手印度内部事务，谴责此类行为应是印度对外交部的职责。彼时，该部门由尼赫鲁领头。由于该提议在一定程度上灵感来源于边境代表大会，且甘地致力于

---

① Nehru had mainly opposed this proposal in order to avoid any possibility of emergence of a United Independent Bengal, which he suspected would soon come under the influence of Pakistan. For details of the view see Massarrat Sohail, Partition and Anglo – Pakistan Relations, 1947 – 51, pp. 27 – 55.

(For the Balkanization Plan see The Transfer of Power 1942 – 47, London, 1981, Vol. X, pp. 723 – 28 – Ed.)

② Mountbatten's mtg. with Dr. Khan Sahib, 5 June, 1947, T. P. , Vol. xi, 81.

③ Mountbatten to Listowel, 3 June, 1947, T. P. , Vol. xi, 53.

④ Nehru to Vellodi, 4 July 1947, T. P. , Vol. xi, 502.

⑤ Gandhi's remarks in an after Prayer speech, 30 June 1947, T. P. , Vol. xi, 442.

⑥ Tel. , Lockhart (the Acting Governor N. W. F. P. from June 26 to August 13, 1947), to squire.

实现普什尼斯坦这一愿景，尼赫鲁是不可能允许其部门谴责阿富汗的建议。但有趣的是，印度政府确实发布了一份有关该问题的声明。声明说，独立的帕坦地区完全归属印度政府，阿富汗政府对此没有发言权。更重要的是，该声明驳斥了所有阿富汗声称其在西北边境省所拥有的领土的说法。[1] 似乎发布该声明的主要原因似乎是国大党希望边境省成为印度的一部分，而不是合并到阿富汗。尼赫鲁还认为，西北边境省"独木难支"。此外，他深知"西北边境省对于独立的主权国家没有需求，因为大家都意识到边境省的存在过于微小过于孱弱"。我们可以推测，该声明并没有真正违背了国会的想法。[2] 因此，印度政府通知阿富汗喀布尔暂时不会有任何动作似乎也就不足为奇了。

当人们在 1947 年得知公投将于西北边境省举行时，国会和阿富汗政府进一步提高对于普什尼斯坦的呼声，并将其视为避免巴基斯坦胜利的唯一希望。印度国大党在反巴基斯坦事宜上对他们原则上是支持的。巴基斯坦政府认为，印度与阿富汗之间的联系导致了帕坦地区的反巴基斯坦活动。[3] 法基尔的各项活动被普遍归因于印度的阴谋。彼时，基于类似猜疑的相关证据是非常有说服力的。新德里媒体就在某些情况下对普什尼斯坦表示了公开反对。此外，印度和阿富汗在经济领域也有着更为紧密的关系。印度和阿富汗在 1950 年 1 月签订友好条约，该条约的缔结又被视为印度在边境事宜上支持阿富汗的一大证明，但后来这一切也确实发生了。先谈谈西北边境省公投的问题。

支持加入巴基斯坦的获得压倒性投票。超过 50% 的选民投票给巴基斯坦。国会在抵制公投，不过根据此问题的一项研究显示，抵制是"徒劳的"。[4] 蒙巴顿还记录道，"此次总投票数仅比上届未遭受抵制时减少了 15%"。蒙巴顿对上述结果表示"满意"，因为其印证了该省份并不是真的赞同加入巴基斯坦（289244 票支持加入巴基斯坦，2874 票支持加入印度）。[5]

阿富汗政府对公投结果表示不满，认为选民的选择权受到限制，声称选民被要求只能从信仰印度教的印度及穆斯林的巴基斯坦中做出选择，因为其并未预料到穆斯林也会投票赞成加入印度。而阿富汗政府则声称如果选民能被赋予更广泛的选择的话，结果可能便会有所不同，那么边境地区的穆斯林便会决定加入阿富汗。然而，阿富汗政府未能出示任何证据来证实该省人民对其决定感到后悔。

① Mtg. of the Indian Cabinet, Case No. 170/33/47, 4 July, 1947, T. P., Vol. xi, 493.

② Ltr., Nehru to Vellodi, 4 July 1947, T. P., Vol. xi, 502.

③ Haji Mirza 'Ali Khan, better known as the Faqir of Ipi, was an Imam Masjid in the village of Ipi, situated at a few hours' journey from Bannu. In 1936, after a peculiar incident of a Hindu girl and a Muslim Waziri, he rose to the status of the 'Commander of the faithful', almost overnight. Later, he came to be known as a fierce freedom fighter against the British among Waziri Pakhtoons.

④ Rittenburgh, S. A., The Independence Movement in India's N. W. F. P., 1901–1947, unpublished dissertation, Colombia University, Microfilm International 7916443, p. 393.

⑤ Viceroy's Personal Report No. 14, July, 1947, T. P., Vol. xii, 228.

穆斯林联盟保证，边境省将同巴基斯坦其他省份一样享受尽可能多的自主权。总的来说，定居区居民似乎也对公投结果感到满意。

然而，联邦直辖部落地区的意见相比之下更难评估。在 1947 年 3 月举行的开伯尔山口地区部族基尔加大会上，有关英国撤离印度时要将结果返回到部落地区的要求被进一步提前，此要求在 1947 年 4 月蒙巴顿勋爵出席阿夫里迪尔格大会时被再度提出。有观点认为，虽然该部落已与英国政府签订条约，但该条约会在英国撤出时终止。蒙巴顿勋爵在答复中说，将与继任者当局进行谈判以草拟新的协议。此后的补充条例如下：1947 年 10 月，西北边境省省长召开了一系列族长会议，而巴基斯坦承诺继续对他们提供保障，并继续进行补贴。①

尽管边疆从未平静，但未曾爆发过赞成加入阿富汗的大规模运动。与此相反，似乎人民更青睐于保持部落地区的现有状态。② 奎德·阿扎姆和穆罕默德·阿里·真纳向部落地区保证：巴基斯坦政府将继续履行所有现有的条约和协定，且没有任何意愿以任何方式干涉部落地区一直以来的独立。③

该声明足以扫除阿富汗对于西北边境省部落的焦虑，但并未引起来自喀布尔的正面回应。相反，阿富汗纸媒与广播媒体不断抨击他们所谓的西北边境省的"强制公投"。

在公开声明中，奎德·阿扎姆表示，巴基斯坦愿意与阿富汗发展友好关系，巴基斯坦的崛起是受到阿富汗人民欢迎的。④ 然而，阿富汗官方对此事的反应却与这些观点不同。他们似乎不相信巴基斯坦所做的努力能够给部落地区及巴基斯坦人民带来欢乐，也不相信边境及其他地区因此事处在难以继续的状态。阿富汗政府拒绝相信边境地区庆祝巴基斯坦新的国家机构是出于"真挚的感情"。他们坚持认为，他们帕坦地区在阿富汗的身份观点在巴基斯坦并未遭到普遍性的否认。⑤

当巴基斯坦申请联合国会员国身份的时候，阿富汗对此加以驳斥。阿富汗驻联合国代表侯赛因·阿齐兹所给出的理由是："只要西北边境省人民未被给予决定其愿意独立还是加入巴基斯坦的机会，阿富汗就无法认同西北边

① "The Background of Pathanistan", F. O. 371/83051, P. R. O.

② Pakistan indeed had to face certain disturbances on the Frontier, notably the troubles caused by the Faqir of Ipi in 1948 and 1949, which were successfully dealt with by the Pakistani authorities.

* Besides maintaining status – quo and polices inherited by Pakistan from the British its government, inspired by Quaid – i – Azam, boldly decided to withdraw all regular troops from the tribal area replacing them with locally recruited militias. This policy paid rich dividends. It created greater trust among the tribesmen, cut down Pakistan's defence expenditure and provided better economic opportunities in the form of jobs. For further details see Pakistan's Western Borderlands, ed. , A. T. Embrec, Karachi, 1979, pp. 4 – 5, et. seq. – Ed.

③ Jinnah's press statement, 30 July 1947, Viceroy's Papers R 13/178, IOR.

④ Ibid. .

⑤ Kabul Despatch, 23 August, 1947, R 12/178.

境省为巴基斯坦的一部分。"① 随后阿富汗政府否认自己代表投票反对巴基斯坦加入联合国。

与此同时，阿富汗政府继续推行其所谓的"拥有更加自主地位的部落地区"。1947 年 11 月，阿富汗总理沙阿·马哈茂德试图联手英国就阿富汗和巴基斯坦关于部落地区的问题进行磋商，但英国决定避免卷入这场争议。②

巴基斯坦将巴基斯坦部落地区自治地位问题视为其内政，然而，奎德·阿扎姆已经表达了与阿富汗解决所有亟待处理问题的愿望。萨达尔·纳吉布拉·汗作为驻巴基斯坦的阿富汗国王特别代表，替阿扎姆做出了陈述。纳吉布拉来到卡拉奇与巴基斯坦洽谈拟订友好条约事宜。奎德·阿扎姆表示，希望即将举行的谈判能促进两国之间的关系。③

在与巴基斯坦总理利雅卡特·阿里·汗的一次会面中，纳吉布拉提交了一份条约草案，该草案旨在商讨要求巴基斯坦给予部落地区的帕坦地区及西北边境省的定居区更多的自治权力。草案还进一步要求巴基斯坦承认那些居住在杜兰德线、印度河以及西北边境省的部落之间的区域的"阿富汗人"为一国子民。此外，草案还要求授予他们完整的政治和行政自主权，设立省会为白沙瓦。④

显然，阿富汗政府试图为巴基斯坦领土的一部分决定一个特定的制度。纳吉布拉试图使巴基斯坦政府能够接受阿富汗的要求，并将其视为外交机构相互交流的先决条件。利雅卡特·阿里·汗向阿富汗政府指出，中央政府的宪法，以及各省的法律法规，都应由主权制宪会议选取来自巴基斯坦各地的代表共同商讨，且各省应能够就中央与省之间的关系向大会提出任何问题。⑤利雅卡特·阿里·汗提出了针对纳吉布拉的反对草案，但阿富汗代表继续提出自己的要求。其结果是，双方的谈判中断，纳吉布拉返回喀布尔，一无所获。

当阿富汗总理沙阿·马哈茂德在从美国返回阿富汗途中会见了奎德·阿扎姆时，普什尼斯坦问题被再度拿到了台面上讨论。不过，本次会议也未能取得任何有益的结果，沙阿·马哈茂德也支持纳吉布拉解决该问题的手段。⑥

利雅卡特·阿里·汗在 1948 年 1 月访问了部落地区。晚些时候（1948

---

① UNO official Record of 2nd session of the General Assembly, Vol. 1, 8 – 109 mtg., 16 Sept. to 13 Nov. 1947, Report of the First Committee, A 399, p. 314.

[For actual words from Mr. Hosayn Aziz's speech in the assembly see Mehrunnisa Ali, Pak – Afghan Discord, A Historic Perspective（Documents 1885 – 1949）, Karachi, 1990, p. 116. Ed.].

② Afghan PM's mtg. with Bevin, 29 Nov. 1947, L/WS/1/1168.

③ R. Afzal（ed.）, Selected Speeches and Statements of Quaid – i – Azam M. A. Jinnah, p. 39.

④ Copy of Draft Treaty, lent by Najibullah to Grafftey – Smith, 12 Dec., 1947, R 12/178.

⑤ Extract from Liaquat Ali Khan's Ltr. to Najibullah, 1 Jan. 1948, L/WS/1/1168.

⑥ Tel. from UKHC in Pakistan to Commonwealth Relation Office（CRO）, 19 Jan., 1948, L/WS/1/1168.

年 4 月），奎德·阿扎姆参加了部落联合尔格大会。利雅卡特和真纳都向部落居民保证，巴基斯坦没有任何过度干预部落内部自由的意愿。巴基斯坦已下令军队从瓦济里斯坦撤军，以示对部落人民的信任。然而，似乎这些保证并未满足阿富汗政府，他们仍在继续进行独立普什尼斯坦的宣传。

然而，在 1948 年中期，阿富汗一项针对巴基斯坦政策的改变引起了人民的注意。1948 年 5 月，阿富汗派出了其第一任驻卡拉奇大使沙阿·瓦利·汗。这位阿富汗大使在抵达巴基斯坦时表示，阿富汗并未觊觎巴基斯坦的领土，即便是有类似的想法，也都考虑到巴基斯坦而放弃。[①] 该声明给巴基斯坦带来了阿富汗政策转变的希望，但这种希望注定不能长久。事实上，喀布尔电台和某些阿富汗纸媒仍未停止其反巴基斯坦的宣传。在喀布尔的外交部门也做了一些淡化沙阿·瓦利声明的尝试，仿佛阿富汗政府成员对巴基斯坦有关政策持有异议。"阿富汗权威团体继续发声恳请解决阿富汗的归属问题，而一些负责的阿富汗政客似乎更倾向于与巴基斯坦建立友谊的政策"。[②]

阿富汗有关边境省的另一个要求是，赋予该省以新名称，如"普什尼斯坦"。巴基斯坦政府的态度是，他们不能强制一个省份更名，除非这样的愿望是由该省人民所表示的。在 1948 年 12 月，巴基斯坦政府试图鼓励边境代表在巴基斯坦制宪大会上提交私人条例草案来申请改名，希望以此取悦阿富汗，且能进一步缓和两国之间关系的紧张局势。巴基斯坦外交部一等秘书伊科拉特穆拉（Ikramullah）将这一想法通告了三位西北边境省代表中的两位，却发现，他们十分抵触，不愿在大会中提出此议案，一方面是由于他们不愿意耍政治对手的把戏，另一方面是由于他们坚持认为"边境省和部落地区并没有要求改变名称"。[③] 因此，这件事也就不了了之。

巴基斯坦与阿富汗关系的一个新的恶化阶段始于 1949 年年初。彼时，阿富汗驻印度、巴基斯坦及英国大使被召集在喀布尔举行会议。召开本次会议是为了讨论阿富汗对巴基斯坦的政策问题。也有报道说，阿富汗加大了关于普什尼斯坦宣传的力度，且在部落地区之内散布对于巴基斯坦的不满情绪。阿富汗政府向部落居民派发大量粮食和衣物，以此赢得他们在普什尼斯坦问题上对阿富汗的支持。阿富汗人据称开始征召部落地区的青年加入阿富汗军队。显然，阿富汗政府已决定终止这一段时间的平静，其对待巴基斯坦的态度也越发强硬。

奎德·阿扎姆死后，卡瓦贾当选为新的巴基斯坦总督，他于 1949 年 3 月造访西北边境省。在回应部落人民的欢迎演讲时，卡瓦贾称杜兰德线巴基斯

---

① Pakistan News, 16 June 1948, cited in Qureshi, A., Anglo - Pakistan Relations, Lahore, 1976, p. 226.

② Baqai, I. H., "Relations between Afghanistan and Pakistan", Pakistan Horizon, Sept., 1948, Vol. 3, p. 228.

③ Mtg. between Ikramullah and U. K. H. C. in p. 7, Dec., 1948, L/WS/1/1168.

坦一侧的部族地区为"巴基斯坦不可分割的一部分"。① 对此，阿富汗政府提出强烈抗议，并称部落地区并非巴基斯坦的一部分，并且再次重申了其立场，即该地区从未归属过印度。

与此同时，喀布尔电台针对巴基斯坦的宣传还在继续，阿富汗总理一些极具煽动性的演讲也加剧了紧张态势。这些演讲旨在影响边境两侧的部落居民对待巴基斯坦的态度。在他的一个演讲之中，阿富汗首相竟然说，阿富汗人将通过谈判来"拯救"他们在巴基斯坦的阿富汗同胞，如若谈判无效，就将诉诸其他手段。这些言论表明，阿富汗政府正计划以更为强硬的方式来实现其诉求。

阿富汗政府也否认了杜兰德线的有效性，理由是其孱弱的邻居（意指阿富汗）正在为强势力量（如英国）所欺凌。他们表示，随着次大陆权力重心的迁移，缔约者中的一方已经离开，这也就使得边界协议无效。② 巴基斯坦认为，既然阿富汗已经提出了这些疑虑，英国就有必要做出相应澄清。因此，英国议会宣布杜兰德线为国际边境，且巴基斯坦为英军阵地的接班人。③ 然而，该声明并未对阿富汗的立场造成动摇，因为喀布尔未宣布任何政策上的变化。

而这一情况随着位于提拉（阿富汗）的所谓"普什尼斯坦政府"的成立而进一步恶化。早在 1949 年 8 月，喀布尔当地报纸就报道了"阿扎德（独立）普什尼斯坦政府已于提拉成立"。④ 该政府由法基尔领导，喀布尔对于所谓阿扎德普什尼斯坦政府的认可造成了该地区极其危险的局势。于 11 月上任的阿富汗新内阁则以更为激进的方式推行其普什尼斯坦政策。除了报纸和电台，阿富汗政府据报道还运用了神职人员来对部落地区清真寺中的普什尼斯坦人传道。⑤ 巴基斯坦对其此种宣传手法表示深恶痛绝。不过，即使在当时，利雅卡特·阿里·汗也没有感到过于不安，因其已料想到此类宣传攻势不会对部落地区产生大的影响。在其看来，位于杜兰德线巴基斯坦一侧的西北边境地区及部族地区人民皆为良好的巴基斯坦公民，且在为巴基斯坦奋斗过程中发挥了重要作用。他在巴基斯坦制宪会议上宣布，对于所谓寻求普什尼斯坦的自由的呼声不过是"某些阿富汗人的黄粱美梦而已"。⑥

不论对于部族地区是否产生明显影响，这种宣传攻势都确实使阿富汗与

---

① Governor – General's speech at Awandarsh, 2 March, 1949, Tel. U. K. H. C. p. to CRO, 9 March 1949, ibid. .

② Zubeda Mustafa, "Afghanistan and the Asian Power Balance", Pacific Community, Jan. 1975, pp. 283 – 299.

③ House of Common Debates, Vol. 466, Columns 1491 – 1493, 30 June, 1949.

④ M. Razvi, The Frontier Problem in Pakistan's Foreign Policy, p. 194.

⑤ OPDOM No. 3, 21 Jan. to 3 Feb. , 1950, F. O. 371/84199.

⑥ Speech by Liaquat in the Constituent Assembly, 9 Jan. , 1950, Pashtoonistan, Myth, p. 1.

巴基斯坦的关系愈加紧张。为了舒缓该地区的紧张局势，来自一些国家的高度重视维护地区和平的代表分别与阿富汗政府进行了接触，并试图警告阿富汗的此种政策会对该地区的和平造成影响。1950 年 6 月中旬，英国，美国和意大利驻喀布尔代表均已与阿富汗政府进行了对话。同月，法国代表表达了其政府对于此事件得到"迅速而圆满"解决的期待。伊拉克代表也强调了"保持伊斯兰情谊的必要性"。伊朗也呼吁阿富汗"放弃对普什尼斯坦一事的野心"。沙特阿拉伯国王和谢里夫的监护人同样也强调为了维护穆斯林世界的团结，阿富汗和巴基斯坦之间进行直接谈判很有必要。①

可惜的是，上述国家的努力并未能成功地缓和阿富汗和巴基斯坦之间的关系。阿富汗针对巴基斯坦的宣传攻势未见任何改变。巴基斯坦政府一直以来带着极大的兴趣来观察事态发展，同时也对不尽如人意的现状感到失望。然而，也不能将这一做法看成完全的失败，因为其成功地向阿富汗政府展示了后者在国际政坛上几乎毫无胜算。换言之，巴基斯坦能够依靠其在此问题上的立场在国际舆论中赢得部分胜利。

同时，巴基斯坦仍对两国关系正常化抱以巨大的兴趣，并决定往喀布尔派遣一名大使以代办事务，而不是等待阿富汗任命驻巴基斯坦大使。② 阿富汗还未对此请求给予回复，尽管局面已变得更为复杂。阿富汗—俾路支斯坦边境首次武装冲突于 1950 年 6 月 17 日发生，位于西南杰曼约 40 英里，此次冲突由于喀布尔电台对于部落居民的公开煽动变得更为严峻。巴基斯坦政府认为，阿富汗针对巴基斯坦的敌对政策造成了该地区形势的危机。在其看来，对于具有如此战略重要性地区和平的阻碍将给巴基斯坦及整个中东和印巴次大陆带来巨大影响。③

各方都在试图调和巴基斯坦—阿富汗的分歧，美国、沙特阿拉伯和伊朗未能成功地缓和紧张局势。伊朗的巴列维国王同样也未能改善巴基斯坦与阿富汗的关系，阿富汗对于独立普什尼斯坦的宣传攻势还在继续。其结果是，巴基斯坦与阿富汗的关系随着时间的推移变得越来越糟糕。利雅卡特·阿里·汗在巴基斯坦制宪会议上再次表达了巴基斯坦对于与阿富汗商讨共同关心的问题（如维护边境地区和平及经济、文化和行政等事项）的意愿。然而，巴基斯坦总理并不愿意参与任何有关"普什尼斯坦"问题的讨论，因其认为该要求是针对巴基斯坦蓄意的攻击，目的就是瓦解巴基斯坦。

他直言不讳地在讲话中指出，无论是威胁使用武力还是武力本身都不会使巴基斯坦在其固有领土上退让半分。④ 据报道，北瓦济里斯坦部落也向阿

---

① Foreign Office Distribution, 12 June 1950, F. O. 37/84809.

② Ibid. .

③ Text of Pakistan Aid – Memoire, F. O. 371/84809, Ibid. .

④ Liaquat's speech in the Constituent Assembly of Pakistan, 7 Oct. 1950, Tel. UKHC（P）to CRO, 7 Oct. 1950, DO 35/2946.

富汗国王寄送了信件以抗议其普什尼斯坦政策。南瓦济里斯坦的支尔格大会也谴责了阿富汗的政策。①

　　阿富汗政府质疑杜兰德线的有效性，其理由是其孱弱的邻居（意指阿富汗）正在为强势力量（如英国）所欺凌，而且在英国从印度撤离后，巴基斯坦与阿富汗应重新拟定边界协议。英国议会及几位英国部长宣布，杜兰德线是国际承认的边界线，且阿富汗应接受巴基斯坦的地位。巴基斯坦没有商讨杜兰德线有效性的意愿和兴趣。巴基斯坦政府及美国似乎也对西北边境地区的和平感到关切，因为苏联十分接近此区域。1950 年 11 月，美国驻卡拉奇临时代办向巴基斯坦政府提交了一份备忘录，督促该事。同一天，喀布尔也采取了类似行动。任何美国对于杜兰德线是国际边境线这一称谓的忽略在巴基斯坦看来都是异常严重的。巴基斯坦认为，如果杜兰德线未能事先明确为国际边境线，其与阿富汗的会谈必将很快破裂。② 巴基斯坦称其将会接受美国的建议，前提是美国愿意承认杜兰德线作为国际边境线而存在。但美国不愿就该问题做出任何表态。③ 巴基斯坦描述美国的决定为"不与巴基斯坦合作"。④ 在与阿富汗协商前，巴基斯坦对于杜兰德线问题的坚持让人感觉其将拒绝阿富汗所能接受的提议。而现实并非如此，最终是阿富汗而非巴基斯坦拒绝接受杜兰德线作为国际边境线而存在。有关美国提议的讨论在卡拉奇、喀布尔和华盛顿间持续了一年多。然而，该讨论并未对巴基斯坦与阿富汗的关系产生重大影响。

　　1951 年 1 月，英联邦首相举行会晤，此次会晤的主要目的是回顾该组织在国际事务中的发展，会晤的主题为远东、中东和欧洲。利雅卡特·阿里·汗认为，阿富汗被归入"非正式"议程之中。⑤ 利雅卡特认为，如果巴基斯坦能够正式宣布：对杜兰线的侵犯将被自动视为违反共同体边境，那将大有裨益。1950 年 4 月，他曾提议英联邦集体达成协议以保证巴基斯坦和印度领土完整。⑥ 阿富汗将该提议视为维护杜兰德线的呼声。⑦ 虽然英国并未受理任何对杜兰德线有效性的疑问⑧，但其仍然无法赞同利雅卡特关于英联邦保证

---

① Intel, Saving to CRO from acting UKHC (P), 18 Oct. , 1950, F. O. 371/84203.

② UKHC (P) to CRO Nov. 18, 1950, DO35/2946.

③ State Dept. 's proposed talks with Zafrullah, Washington to F. O. , 27 Nov. , 1950, ibid. .

④ Ikramullah in a meeting with UKHC (P), Tel. , UKHC (P), 1 Dec. , 1950, ibid. .

⑤ For details of the agenda, PREM 8/1352.

⑥ Liaquat's interview to New York Times, 13 April, 1950.

⑦ Press Conference of Najibullah, the Afghan Ambassador in India, Tel. Nye to CRO, 11 May, 1950, DO35/2953.

⑧ In a memorandum prepared by the Legal Advisor of Foreign Office on the effect of the Independence of India and Pakistan on the validity of the Anglo – Afghan Treaty of 1921, it was stated that 'the transfer of power in the former India cannot by itself affect the frontier provision in the Treaty and that as a provision was made in the Treaty for denunciation, Afghan claims that the Treaty lapses automatically, are not sound'. The Afghan Government had not accepted the opinion. But the Legal Adviser felt little doubt that international court would uphold British view if the matter was ever taken to that forum. (F. O. 104/6/4/50, F. O. 371/83049.)

的提议，因其会激怒印度。利雅卡特·阿里·汗在英联邦总理会议上再度提出这个问题，该会议于 1951 年 1 月 4—12 日举行。其在会议上提醒其他总理说，巴基斯坦和阿富汗之间的边境是英联邦的所述疆界之一，且阿富汗之外的北方就是苏联。他指出，巴基斯坦已同意对该边界负责，但仍觉得自己有权要求其他英联邦国家的道义和物质支持。讨论到阿富汗在该地区的言论问题时，他再次重申巴基斯坦的观点，即杜兰德线已经被国际公认为阿富汗和巴基斯坦之间的边界，两个国家之间的争端没有真正的导火索。①

尽管如此，利雅卡特·阿里·汗仍在会议上透露阿富汗在过去的三年里一直通过各种手段攻击巴基斯坦，包括舆论宣传，调唆部落之间冲突，甚至实际入侵巴基斯坦境内。利雅卡特说，"独立巴基斯坦运动"不过是阿富汗培育出来用来羞辱巴基斯坦的。同时，有一种说法认为，关于该运动的报纸和广播上的报道来自印度，他强烈地批判这一情况。但显然，印度人并没有否认这一点。②

利雅卡特对于印度协助阿富汗普什尼斯坦一事的抱怨向来都有，巴基斯坦坚定地认为，印度正积极支持阿富汗关于普什尼斯坦的宣传攻势。③ 尼赫鲁表示了其对阿富汗关于杜兰德线立场的支持。④ 阿富汗在印度报纸上频繁发表反巴文章。也有报道说国会与法基尔有联系，印度近来也与阿富汗缔结了友好条约。⑤ 印度外交部官员巴杰帕伊有趣地形容了印度对巴—阿冲突的政策。他说，印度政府喜欢牵着阿富汗的狗链让其对巴基斯坦狂吠。⑥ 他的这一描述暗示了印度人不仅支持阿富汗在西北边境问题上的动作，同时也希望阿富汗能够继续给巴基斯坦带来更多的麻烦。由此，普什尼斯坦"运动"在印度报纸占据了相当大的版面。印度纸媒就普什尼斯坦所发表的大部分文章或新闻都直接援引了喀布尔电台新闻稿或广播的内容，而针对巴基斯坦一方则没有任何的版面。⑦ 此类负面消息经常在印度国内广播上反复播放，"不仅扩大了阿富汗的宣传范围，同样也让阿富汗人民相信印度是站在他们一边的"。⑧ 印度纸媒同时也报道了 1950 年 12 月 16 日和 17 日举办的"普什图基尔加大会"，与会代表（约 100 人）大多定居印度，但有趣的是，他们多年来从未去过部落地区。印度外交部给这些代表安排宾馆并告知其会议规则。

---

① Liaquat's speech, PMM (51) 10 mtg. minute 3, 11 Jan. , 1951, PREM 8/458.

② Ibid. .

③ The Indian National Congress had supported the demand for an independent Pathanistan during the referendum in N. W. F. P. in 1947, with the object of reducing Pakistan's territories. The Afghan agitation for Pathanistan was associated in Pakistan with Indian manoeuvrings.

④ NYE's mtg. with Nehru, May 1950, Tel. to CRO 3 June, 1950, DO 35/2944.

⑤ Lockhart to Mountbatten, 9 Aug. 1947, Mansergh: Transfer of Power, Vol. Ⅻ, 394.

⑥ Bajpai in mtg. with UKHC, CRO 'Brief on Pak – Afghan Relation', 15 Sept. , 1950, DO 35/2945.

⑦ Tel. to CRO from UKHC (P), 29 Nov. , 1950, F. O. 371/84204.

⑧ UKHC (P) to CRO, 28 Nov. , 1950, ibid. .

巴基斯坦将这一举动解读为印度对于尔格大会的正式认可。印度难民及援助部部长,前西北边境省议会政府财政部长梅尔·昌德·卡纳在一次公开致辞时赞成普什尼斯坦寻求独立的呼声。巴基斯坦再次向印度表达了对其举办尔格大会及支持普什尼斯坦的强烈不满。① 显然,巴基斯坦政府由于印度支持普什尼斯坦十分不安,他们视印度在该事件中的动作为印度伺机破坏巴基斯坦的证据,并坚信阿富汗的宣传攻势是由印度散布,从而在国际上引起普什尼斯坦问题。② 普什尼斯坦问题本身并未受到巴基斯坦政府的过多关注,巴基斯坦政府对于其能在边境一侧得到支持很有信心。然而,印度企图利用当时的局面又使其十分担心。

在英联邦总理会议上,利雅卡特与艾德礼提出了印度支持阿富汗的问题,并指出其有证据证明印度不光给予了阿富汗支持,同时也提供了金钱补助。③ 利雅卡特控诉此事后不久,英国收到机密信息,显示印度除了向阿富汗提供一千万卢比的贷款,同时还计划向其提供武器。据信,该笔贷款是作为礼物提供给其作为武器采购费用④,而这些武器的供应都是背着巴基斯坦完成的。⑤ 由于巴基斯坦与阿富汗的关系当时非常紧张,印度和阿富汗据此推断巴基斯坦将不会允许设备过境运抵阿富汗。而由于克什米尔争端悬而未决,且巴基斯坦与阿富汗的关系并无进展,对于武器供应来说并不算是个好时机。印度似乎并不相信在维持该地区的和平上印巴已达成共识,任何不安定因素都会对和平造成威胁。

然而,直到 1951 年 7 月,印度对阿富汗政策的变化才引起人们的注意。一位“阿富汗高级官员”告知英国驻喀布尔大使,印度给阿富汗施加了相当大的压力迫使后者采取对抗巴基斯坦的行动。当时,巴基斯坦与印度的关系非常紧张,阿富汗人显然已告知印度人如若印度和巴基斯坦开战,阿富汗将保持中立,且不会采取任何严重敌视巴基斯坦的行为。⑥ 尽管阿富汗对巴基斯坦有所芥蒂,阿富汗断然拒绝对巴基斯坦采取行动的态度使得人们不禁思考是否能够利用这一新的形势来解决普什尼斯坦问题。可以注意到,英国并未对此采取任何动作,而其看似十分关切推进西北边境省的和平进程,并以此来抵御任何来自北方的蚕食,从而避免苏联对这一具有重要战略意义的地区加以干预。⑦

---

① Nye to RO, 18 Jan. , 1951, DO 35/2947.

② Smith to Attlee, 18 Jan. 1951, ibid. .

③ Mtg. on 16 Jan. , 1951, PM personal minute, M 6/51, PREM 8/1458.

④ CRO to Nye, 21 April 1951, DO 35/2947.

⑤ Minute by H. H. Phillips (of CRO), N. D. , ibid. .

⑥ Ltr. , Gardener to Murray, 23 Aug. 1951, 10411/6/51, ibid. .

⑦ Gardener to Murray, 5 Sept. , 1951, 1041/154/51, ibid. Afghan King to Gardener, reported to Anthony Eden by Gardener 1946/1/51, 16 Nov. , 1651, ibid.

　　利雅卡特·阿里·汗任总理职务期间（1947—1951 年），阿富汗政府一直拒绝接受西北边境省为巴基斯坦的一部分，并声称巴基斯坦大部分地区在秘密资助"普什尼斯坦"独立运动。巴基斯坦能够通过运用其在部落地区的影响力给喀布尔造成相当的麻烦，但其并未这么做。这也表明，该地区的和平对巴基斯坦来说是最重要不过的了。

　　1951 年 10 月 16 日，利雅卡特·阿里·汗于拉瓦尔品第被暗杀，而暗杀者萨阿德·阿克巴尔正是一位阿富汗公民。萨阿德·阿克巴尔的国籍问题使巴基斯坦确信阿富汗在刺杀阿里汗一事中起到了重要作用。巴基斯坦某些纸媒一再指控阿富汗政府为此次暗杀的同谋，但阿富汗对这些报道予以坚决否认。[①] 在没有任何文件证明的情况下，阿富汗政府是否要对萨阿德·阿克巴尔的行为负责仍有待历史学家探讨。伦敦警察厅协助巴基斯坦政府的调查结果尚未公布，然而，根据威廉姆斯的说法，该次调查并未找到各个刺客同任何一个团体或政界的联系。[②]

　　然而，印度对于阿富汗敌意的支持迫使巴基斯坦在处理部落地区问题上持谨慎态度。巴基斯坦并不会跟进该地区的任何改革与发展政策，如引进现代通信，发展教育或实施全民普选（半个世纪后已被引入）。印度的反感也许是源自其独立前夕强烈的反巴基斯坦态度，以及意欲通过扰乱帕坦边境并插手巴基斯坦内部事务来破坏巴基斯坦的稳定，从而断绝其入侵克什米尔的可能性。

（翻译：张传钰　陶小月）

---

① Afghan King to Gardener, reported to Anthony Eden by Gardener 1946/1/51, 16 Nov. , 1651, ibid.

② Rushrook Williams, The State of Pakistan, p. 149.

1947—1948 年印巴克什米尔争端与英国的应对困境

姚远梅 王琛

摘 要 1947 年 10 月，印度和巴基斯坦两国在克什米尔争端爆发后同时向英国求助，两国在战后英联邦战略中的重要地位使英国陷入两难境地。在克什米尔问题提交联合国之前，英国颁布"撤退军令"、敦促和谈、鼓励提交联合国，竭力避免英联邦内战。克什米尔问题提交联合国后，英国在印巴之间不断地调整立场以维持英联邦战略的平衡。最终，两国对英国均不满意。印巴战争的爆发标志着英国在南亚的英联邦战略遭受重大挫折。英国的困境和失败不仅反映了帝国斜阳的现实，更预示在印巴敌对且力量失衡情势下，南亚存在着一种使企图介入的大国难以摆脱的困境。

关键词 英国 印度 巴基斯坦 克什米尔

1947 年爆发的印巴克什米尔争端一直是英国和美国与南亚两个当事国学界研究的热点。围绕争端爆发的原因和英国的立场等问题，英国撤退的阴谋①、英国偏向印度②、英国偏向巴基斯坦③、英国中立和致力斡旋协调④等各种观点纷纷出现。中国学者对本课题的档案研究还未出现。⑤为厘清英国政策及其背后的动因，笔者在阅读英国原始档案的基础上，从战后英国的英联邦战略切入，解析 1947 年英国在印巴克什米尔争端问题上的困境与反应，探

[作者简介] 姚远梅，历史学博士，华东师范大学历史系教师，江苏师范大学巴基斯坦研究中心兼职研究人员，主要从事南亚国际关系研究；王琛，男，郑州大学南亚研究所教授，历史学博士，主要从事南亚与东南亚国际关系研究。本文曾发表在《郑州大学学报》（哲学社会科学版）2011 年第 5 期。

① J. K. Sharma, *Kashmir in Blood Tears: Anglo - American Conspiracy* [M]. New Delhi: Bookwell, 2002.

② C. M. Ali, *The Emergence of Pakistan* [M]. Lahore: The Research Society of Pakistan, University of the Punjab, 1973, p. 295.

③ C. Dasgupta, *War and Diplomacy in Kashmir, 1947 - 1948* [M]. New Delhi: Sage Publications India Pvt Ltd., 2002, p. 56.

④ J. Korbel, *Danger in Kashmir* [M]. Karachi: Oxford University Press, 2002, pp. 43, 96.

⑤ 王琛：《美国与克什米尔问题（1947—1953）》，《历史教学》2005 年第 1 期。

讨英国的真正立场以及印巴两国对英国做法不满的原因。

一　克什米尔争端缘起

克什米尔争端是次大陆印度教徒和穆斯林之间悠久、深刻的矛盾及其政治表现——国大党和穆斯林联盟统一与分治斗争的产物。次大陆的居民除国大党代表的印度教徒和穆盟代表的穆斯林外，还有 562 个土邦大君治下的臣民，这部分居民也主要由印度教徒和穆斯林组成，在各土邦的比例大小不一。克什米尔是第二大土邦，其特殊之处不仅在于其居民主体是穆斯林而大君却是印度教徒，更在于它不在印度境内而在分治之后的印巴两国之间，这是克什米尔争端产生的重要原因。

1947 年英国自次大陆撤退时，英属印度分为印度自治领与巴基斯坦自治领，而关于土邦未来地位问题，按分治方案，各土邦可以自主决定加入印度或巴基斯坦，也可以不加入任何一方而与英国保持旧有关系。[①] 国大党主张土邦都加入印度，而穆盟主张土邦自由决定自己的命运。印巴分治前后，大部分土邦都选择了自己的归属，但克什米尔土邦却在踟蹰徘徊。在宗教构成上，克什米尔居民 70% 以上是穆斯林，而大君是印度教徒；大部分居民倾向加入巴基斯坦，但大君则对加入巴基斯坦持观望态度。在内部政治形势上，克什米尔内部主要有两个政治派别：国民议会党和穆斯林议会党。国民议会党由印度领导人贾瓦哈拉尔·尼赫鲁好友谢赫·阿卜杜拉领导，因此，该党拥护印度立国的世俗主义，与印度国大党关系密切。穆斯林议会党由古拉姆·阿拔斯领导。古拉姆·阿拔斯拥护巴基斯坦领袖阿里·真纳"穆斯林是一个民族"的理论，与穆斯林联盟关系密切。印巴分治前，尼赫鲁与真纳分别派人赴克什米尔对国民议会党和穆斯林议会党的负责人进行动员，希望这些负责人能够帮助辛格大君决定克什米尔加入自己的自治领。此种情势让辛格大君非常犹豫。当印度总督蒙巴顿勋爵敦促辛格大君尽早决定归属时，辛格大君答称他想等段时间再决定克什米尔应该加入印度或巴基斯坦，抑或是保持独立。[②]

就在辛格大君犹豫之际，1947 年 9 月，蓬奇地区爆发起义。随后，与蓬奇接壤的巴基斯坦帕坦地区穆斯林发起救助同胞行动。一个月后，这次起义演化为大批帕坦地区穆斯林沿克什米尔谷地向土邦首府斯利纳加挺进。辛格大君只好向印度求助。1947 年 10 月 25 日，蒙巴顿主持会议讨论克什米尔问

---

① N. Mansergh, Documents and Speeches on British Commonwealth Affairs 1931 – 1952, Vol. II［M］. London：Oxford University Press, 1953, pp. 642 – 643.

② Telegram, from India to Commonwealth Relations Office, October 28, 1947, 408 / PRIMIN – 230, CAB 121 /746, the National Archives of U. K. .

题。会议决定派土邦事务部长 V. P. 梅农前往克什米尔调查情况。26 日，V. P. 梅农带回一封辛格大君致蒙巴顿的信，称他决定将克什米尔合并给印度，并请求印度接受。27 日，印度军队进驻斯利纳加。同日，蒙巴顿总督代表印度回复辛格大君说："我政府决定接受克什米尔暂时合并给印度自治领"。① 闻听克什米尔加入印度和印度部队抵达斯利纳加，真纳的第一反应是要派出巴基斯坦军队，印巴克什米尔争端由此爆发。

二 英国的两难困境

正值蒙巴顿等印度领导人商讨克什米尔问题之际，印巴两个自治领分别向伦敦发出诉求，希望得到英国政府的支持。这对英国的英联邦战略来说不啻是一种严峻的考验。

英联邦战略是战后英国工党政府维持英国大国地位的一种策略。战后，英国实力严重下滑，无力维持帝国完整。尽管如此，英国朝野仍然一致认为，战后英国的首要战略目标是保持英国的大国地位。② 艾德礼政府认为，永远保持英帝国是不可能的，但以某种策略保持英国的大国地位是可行的，因为灵活的外交可以弥补帝国的颓势。③ 鉴于英帝国发展的特殊性和战前英联邦已见雏形，艾德礼政府决定，在英联邦基础上调整英帝国，以去殖民化为外衣构建英联邦战略，即一方面加强英联邦内经济与防务合作，另一方面争取那些要求独立的殖民地以自治领地位加入英联邦，这样，英国脱去帝国旧衣换上英联邦新衣裳，从而使英国的大国地位得以维持。

在英联邦战略中，印度与巴基斯坦都拥有重要位置。其一，战略上的重要性。战后，英国率先从印度撤退，这样，印度与巴基斯坦是否加入英联邦将是其他殖民地的表率。艾德礼首相对此非常清楚。在缅甸拒绝自治领地位时，艾德礼曾说："其他殖民地若跟随缅甸拒绝加入英联邦，将严重降低英国的世界影响力。"④ 可见，艾德礼政府对印巴两国加入英联邦的重视程度。其二，防御上的重要性。长期以来，英属印度一直是英帝国基石，很大程度上英帝国的防御均是围绕保护印度而展开，独立后的印度与巴基斯坦也将成为英联邦防御的基石。故此，在协商从印度撤退时，英国参谋长联席会议强烈建议：一定让独立后的印度与巴基斯坦都加入英联邦或与英国保持密切合

---

① Telegram, from India (GOVT) to Commonwealth Relations Office, October 28, 1947, 408 / RIMIN - 230, CAB 121 /746, the National Archives of U. K. .

② R. Ovendale ed. , *The Foreign Policy of the British Labour Government*, *1945 - 1951* [M]. Leicester shire: Leicester University Press, 1984, p. 89.

③ Ibid. , pp. 2 - 17.

④ Ronald Hyam, *The Labour Government and the End of Empire*, *1945 - 1951*, Part I [M]. London: HMSO, 1992.

作，否则，将损害英国长期在军事基地、空军基地和人力资源等方面的战略利益。① 在移交权力时，英国提出签订关于在西北边省（后来划分给巴基斯坦）和安达曼群岛（后来划分给印度）军事合作建议，表明了未来的印度与巴基斯坦在英联邦防御上的重要性。②

鉴于对英联邦防御的重要性，印巴两国被英国决策者视为对抗苏联威胁的重要前沿阵地。20 世纪，苏联的共产主义威胁和非殖民主义理论被英国人视为旨在破坏英帝国。第二次世界大战期间，英苏两国虽然结为盟友，但英国参谋长联席会议一致认为：苏联人无意结束为之努力了近两个世纪的挺进印度洋的政策，因此，苏联在战后很可能继续向南亚挺进。③ 战后，共产主义势力在东欧、中亚和中国得到迅速扩展，印度共产党势力也在不断壮大，这更增加了英国人对苏联共产主义的恐惧。1946 年，英国参谋长联席会议评估说："印度需要重点考虑，不仅因为印度西北有重要的空军基地，而且其地理位置加上资源（人力资源和工业潜力）使之毫无疑问地成为英联邦防御最需要的部分。"④ 他们还指出："苏联很可能干涉南亚事务……如果印度倒向苏联一方并获得盟友的稳固位置，由于苏联已控制了巴尔干和中亚地区，那么，苏联阵营将变成一个世界组织，并将以其强大的国力、难以匹敌的经济和人力资源以及遍布整个亚洲和欧洲的军事基地而变得所向无敌，届时，英帝国的解体将无法避免。"⑤ 为防止这种局面，艾德礼采纳英国参谋长联席会议意见，一定让独立后的印度与巴基斯坦加入英联邦或与英国保持密切军事合作。经过努力，印度与巴基斯坦都接受了自治领地位，然而，两个月之内，印巴之间就爆发领土争端，并且兵戎相见，英国面临着一种两难的处境。

三　英国的反应

总的来说，英国对 1947—1948 年印巴克什米尔争端的反应可分为克什米尔问题提交联合国之前与以后两个阶段。不同时期，做出了不同反应。

---

① N. Mansergh, edited, *The Transfer of Power 1942–1947*, Vol VII. London：HMSO. 1977, pp. 889–900.

② A Memorandom on the N. W. Frontier and Afghanistan Sent by the Secretary of State for Commonwealth Relations on 1st October 1947 to the Viceroy, CAB 121 /746, the National Archives of U. K. .

③ Correspondence Respecting India and Pakistan, Part 1, January to December 1947, p. 93, FO 479/1, the National Archives of U. K. .

④ Ronald Hyam, *The Labour Government and the End of Empire 1945–1951*, Part Ⅲ［M］. London：HMSO, 1992, p. 334.

⑤ Correspondence Respecting India and Pakistan, Part 1, January to December 1947, p. 93, FO 479/1, the National Archives of U. K. .

（一）克什米尔争端提交联合国之前

印巴关系开始紧张后，英国认识到万一印巴发生战争，那么英国政府将处于尴尬的境地。所以，在克什米尔问题提交联合国前，英国采取各种手段避免英联邦内发生战争。

首先是颁布"撤退军令"。1947 年 8 月，英国从印度撤退，但英国首先让出的主要是行政管理权与外交权，对于军事权，英国以需要分割原印度军队为由，提出建立过渡机构，推迟至 1948 年 3 月再进行移交，印度国大党对此甚为不满。经过协商，英国最终与印巴双方协议，建立印巴联军防务委员会与军事分割委员会。两机构主要负责人均为英国人，包括蒙巴顿总督、印巴联军总司令奥金莱克将军、印军总司令布切尔将军以及巴军总司令格雷西将军，其他军备与军事管理层面的主要负责人也均为英国人。为阻止印巴战争爆发，1947 年 9 月 30 日，奥金莱克将军颁布"撤退军令"，即万一印巴发生战争，在印巴军队的所有英国人，包括军官以及其他服役人员，一律立即停止服役，不得延迟。① 1947 年 10 月 27 日，得知克什米尔大君申请加入印度且印度部队已抵达斯利纳加之后，真纳命令巴军总司令格雷西将军派出巴基斯坦部队，但格雷西将军却回应说：没有上司奥金莱克将军的准许，他无法执行真纳的命令，因为这可能导致印巴战争爆发，并涉及撤退军令。② 由于当时巴基斯坦基础不够稳固，还离不开英国人的支持，因此，真纳只好收回成命。

其次是敦促印巴双方协商解决。1947 年 10 月 25 日，尼赫鲁致电艾德礼首相称：印度已收到克什米尔请求，正考虑给予援助。③ 为阻止局势恶化，艾德礼立即敦促尼赫鲁慎重考虑克什米尔大君的请求，并请尼赫鲁不要以武力干涉的方式来答复辛格大君，因为那将导致两个自治领之间公开的军事冲突，造成无法估量的悲剧。④ 同时，艾德礼首相敦促巴基斯坦总理利雅卡特·阿里·汗竭力阻止巴基斯坦武装人员进入克什米尔，并建议印巴两国最高领导人以及克什米尔大君在合适的地方召开会议，商讨克什米尔归属问题，而且越快越好。⑤

① No. S. C. Sectt /37, Supereme Commander's Headquarters, Supereme Commander's Secretariate, New Delhi, 30 September 1947, CAB 121 /746, the National Archives of U. K..

② Telegram, from India (H. C.) to Commonwealth Relations Office, 28th October, 1947, No. 1114, CAB 121 /746, the National Archives of U. K..

③ Telegram, from India (GOVT) to Commonwealth Relations Office, No. 329 / PRIMIN 219, 25th October, 1947, CAB 121 /746, The National Archives of U. K..

④ Telegram, from Commonwealth Relations Office to India (H. C.), No. 1163, 26th October, 1947, CAB 121 /746, The National Archives of U. K..

⑤ Telegram, from Commonwealth Relations Office to Pakistan (H. C.), No. 302, 26th October, 1947, CAB 121 /746, The National Archives of U. K..

在艾德礼敦促下，蒙巴顿希望出面组织一次最高会议讨论克什米尔问题。然而，会议始终没能开成。11 月 1 日，蒙巴顿前往拉合尔与真纳会晤。原计划两国总督、总理参加的最高级会议，现在只有两位总督参加。会上，蒙巴顿告知真纳，他只是宪法上的总督，因此，他不能替印度做主解决克什米尔问题。不过，他提议在联合国的监督之下，通过公民投票的方式解决克什米尔问题。真纳则表明巴方立场：（1）立即停火，由赋予全权的两国总督发出通告，要求作战双方 48 小时之内停火；（2）印度部队与部落人同时从克什米尔撤出；（3）两国授予各自总督全权掌管克什米尔，待恢复克什米尔和平后，在联合国监督之下进行克什米尔全民公决。[1] 第二天，尼赫鲁发表广播讲话指出，待“入侵者”退出克什米尔后，克什米尔的归属问题将由在联合国监督之下的民主表决决定。[2]

印巴之间的分歧主要表现在两点：其一，谁先撤退。印方主张“入侵者”先撤退，而巴方强调“入侵者”与印度部队同时撤退。其二，谁主持公民投票。印方主张联合国监督，而巴方主张授权两总督主持。此后围绕谁先退兵、谁来主持公民投票，印巴双方争论不休。12 月 22 日，在印巴两国财产分割会议上，掌控财经命脉的印度使用各种压力，把克什米尔问题与财产分割问题联系在一起，试图迫使巴基斯坦在克什米尔问题做出让步，但后者宁愿牺牲经济和军事上的财产利益也不愿在克什米尔问题上做出让步。最后，尼赫鲁通知利雅卡特·阿里·汗，他将在联合国安理会指控巴基斯坦侵略克什米尔，后者反驳说，如果那样的话，他将把克什米尔和朱那加德邦一起提交联合国，指控印度侵略。[3] 会议结束后，前方局势迅速恶化。大批部落人进入蓬齐，与原蓬齐反大君力量一起，向印度部队展开进攻，克什米尔的印度部队受到部落人的严重威胁。一直对分治耿耿于怀的印度政府在向克什米尔增兵的同时，打算以打击部落人基地为名进军巴基斯坦。印巴战争一触即发。

面对如此紧急情势，蒙巴顿一方面向伦敦请求指示，另一方面于 12 月 25 日劝告尼赫鲁不要违反国际法，导致印巴发生战争。此外，蒙巴顿还特别建议尼赫鲁将克什米尔问题提交联合国。尼赫鲁思虑再三，决定双管齐下，同意将问题提交联合国，同时不放弃军事解决的方案。如尼赫鲁所说：“印度正在准备诉诸联合国和进行军事准备，以迎接任何可能发生的偶然事

---

① Telegram, from Prime Minister of Pakistan to Prime Minister of United Kingdom, No. 376 G, 4th November, 1947, CAB 121 /746, The National Archives of U. K..

② Alastair Lamb, Crisis in Kashmir, 1947 to 1966, London, 1966, p. 47.

③ Telegram, from Pakistan (H. C.) to Commonwealth Relations Office, 24th December, 1947, No. 315, CAB 121 /747, the National Archives of U. K..

故。"① 艾德礼首相致信尼赫鲁表示支持："很明显，事情已经到了需要安理会解决且不容推迟的地步，我们将通过我们驻联合国大使尽最大努力让安理会尽快考虑此事。与此同时，作为一个朋友，我请求你无论如何也不要做任何导致两个自治领之间发生战争的事情。"② 1947 年 12 月 31 日，印度政府向联合国控诉巴基斯坦侵略印度，要求巴基斯坦停止支持入侵者并对巴基斯坦实行武器禁运。印度政府还声称，如果联合国不能阻止侵略，印度将对巴基斯坦采取行动。

（二）克什米尔争端提交联合国之后

克什米尔问题提交联合国安理会后，如何使联合国决议符合英国利益，以及如何使问题早日解决、避免战争爆发，等等，均是英国重点考虑的内容。印度准备到巴基斯坦境内打击部落武装的威胁迫使美国放弃超然中立立场，美国此时忙于对苏联"冷战"，无暇顾及南亚地区，而且仍然将该地区视为英国的势力范围，因此支持英国出面，在英联邦框架内和联合国调停下，解决争端，避免该地区的巴尔干化而引致苏联的干预。1947 年 12 月 29 日，美国表示，希望在克什米尔问题提交联合国后，与英国就此问题保持密切接触。30 日，美国通知英国愿意就此问题在联合国采取一致行动。得到美国支持后，英国在克什米尔问题提交联合国后先后做出了以下反应。

第一阶段，倾向巴基斯坦立场。克什米尔问题提交联合国后，英国派出英联邦事务大臣纽贝克勋爵为首席联合国谈判代表。英国参谋长联席会议要求纽贝克勋爵制定的对策一定要符合英国在印巴的战略需要。艾德礼首相也嘱咐他说："必须避免给巴基斯坦英国偏向印度的印象，因为那将使整个穆斯林世界与我们为敌（美国在巴勒斯坦的做法就是例子）。还要千万小心，照顾到印度人的感受，不过，可以通过他们对法律程序的尊重，让他们接受安理会的解决方案。"③ 就当时英国在印巴的战略需求而言，除印巴在英联邦战略中的重要地位之外，英国与印巴两国的合作也非常重要。当时，印度希望英国人尽早从印巴军队中全部退出，以实现印度统一的大国梦想，但巴基斯坦试图尽力挽留英国人继续在南亚"服役"，以保证巴基斯坦的安全。所以，从英国战略需求来说，巴基斯坦可能是英国忠实的合作伙伴，但印度则不是。虑及以上因素，纽贝克勋爵在安理会制订解决克什米尔问题的方案时，不由自主地倾向巴基斯坦的立场。

---

① Telegram, from India (H. C.) to Commonwealth Relations Office, 28th December, 1947, No. 1513, CAB 121 /747, the National Archives of U. K..

② Telegram, from Commonwealth Relations Office to India (H. C.), 29th December, 1947, No. 1599, CAB 121 /747, the National Archives of U. K..

③ Telegram, from Commonwealth Relations Office to New York (U. K. Delegation), 10th January, 1948, No. 131, PREM 8 /1455 /2, the National Archives of U. K..

　　按照三军参谋长和艾德礼首相建议，纽贝克勋爵制订如下解决方案：第一，以联合国名义派出三人（或五人）使团赴印巴调查此事，减缓前方战争一触即发的紧张局势；第二，"部落人"退出克什米尔，巴基斯坦以正规部队替代之；第三，印度将在克什米尔的驻军减至巴基斯坦的水平；第四，以联合国名义建立中立政府，而后以公民投票决定克什米尔的归属。经过纽贝克勋爵幕后工作，除苏联和乌克兰之外，其他安理会成员国几乎都接受他的建议。1948 年 1 月 17 日，基于印巴两国提出的指控与反指控，联合国安理会通过一项解决方案，即联合国派出三人使团赴印巴调查印巴克什米尔问题。此三人使团方案与纽贝克勋爵方案几乎一样。1 月 20 日，安理会投票表决，9 票赞成，两票弃权（苏联和乌克兰弃权），该决议获得通过。

　　三人使团方案通过后，印度认为，联合国安理会偏向巴基斯坦。1948 年 2 月 5 日，安理会讨论建立"中立政府"，以便进行公民投票决定克什米尔归属，再一次以 9 票赞成，两票弃权（苏联和乌克兰弃权）通过。愤怒的印度向伦敦提出抗议，指责安理会实行大国幕后政治，指责纽贝克勋爵偏向巴基斯坦，使印度合理要求得不到考虑。与此同时，尼赫鲁通过蒙巴顿威胁艾德礼政府说，如果这种情形继续下去，印度将考虑退出英联邦，并向苏联靠拢。伦敦对此不得不考虑改变政策。

　　第二阶段，倾向印度立场。在印度威胁退出英联邦与靠拢苏联的压力之下，艾德礼政府一方面敦促纽贝克火速回国商量对策，另一方面敦促印度尽快让印度谈判代表返回联合国，以免联合国谈判停止造成印巴战争爆发。另外，接受蒙巴顿的建议，派出英联邦事务副大臣戈登·沃克勋爵赴南亚调停。其实，戈登·沃克的南亚之行，除名义上打探印巴庭外和解可能性之外，真实目的是弄清两国在克什米尔问题上的底线，为伦敦制定新政策做准备。1948 年 2 月 27 日，艾德礼内阁英联邦事务委员会召开辩论会，讨论英国该如何处理印巴克什米尔问题。纽贝克坚持安理会的解决方案，但戈登·沃克强烈建议英国政府应该持完全中立的立场。[1] 结合两人建议，英国政府制定了新政策，强调"入侵者"应该首先退出克什米尔，而后由印度组建新克什米尔政府，并负责组织投票表决，这明显是倾向印度的立场。

　　英国新政策在 3 月安理会轮值主席中国代表蒋廷黻的解决方案中得到体现。蒋廷黻拟订的解决方案，与英国的新政策非常接近，规定"入侵者"应该首先退出克什米尔，而后由印度组建新克什米尔政府，并负责组织投票表决。这明显倾向印度立场的方案令巴基斯坦尤为恼火。利雅卡特·阿里·汗警告艾德礼首相说："若英王政府改变以往所坚持的正义政策，那么，后果

---

　　① C. Dasgupta, War and Diplomacy in Kashmir, 1947 – 1948 ［M］. New Delhi: Sage Publications India Pvt Ltd. , 2002, p. 124.

自负，我强烈敦促你坚持你以往的政策。"①

　　第三阶段，倾向中立。接到巴基斯坦的警告，艾德礼政府不得不考虑再次改变立场。3 月下旬，纽贝克返回纽约会见蒋廷黻，随后，蒋廷黻对他的方案进行再次修订。正如英国外交部嘱咐纽贝克所说的："你要以非正式的方式向蒋廷黻先生提出你的建议，以便他以合适的方式修改他的方案并将你的建议体现于其中，英国代表不要正式提出修改意见。你无论如何要根据巴基斯坦代表的反应来提出建议。"② 蒋廷黻的方案经过多次修改，尤其是将纽贝克的建议写进修改方案中后，已从偏向印度转向巴基斯坦立场，几乎接近中立。与此同时，印巴都在争取英国支持，巴基斯坦威胁说，如果它的利益得不到英王政府应有的照顾，将考虑退出英联邦，而印度则抱怨说，英王政府明显偏向巴基斯坦。

　　面对来自印巴双方的威胁与指责，英国政府决定采取中立立场，并事先通知印巴双方英国的态度以及解决方案。艾德礼声称：这个解决方案不是解决克什米尔问题的最终方案，而是建议一个程序，即印巴双方与联合国合作，一起早日阻止战争和创造条件实现全民公决。根据 1948 年 4 月 21 日安理会通过的第 47 号决议，克什米尔被定性为是印巴双方有争议的领土。印巴双方对此都不满意。

　　第四阶段，呼吁快速停火。由于印巴两国均不满意联合国第 47 号决议，前方局势骤然紧张。1948 年 5 月，巴基斯坦公开承认其军队在克什米尔参加战斗。同时，巴基斯坦在英联邦会议上提出讨论克什米尔问题，指出印巴是英联邦自治领，印巴克什米尔问题当然是英联邦内部问题，应该在英联邦会议上讨论。但是，英国担心在英联邦会议上讨论克什米尔问题，不利于英联邦团结，故不让巴基斯坦提克什米尔问题，这更让巴基斯坦感到不满，于是更加指责英国偏向印度，英巴关系变得越来越不和谐。此后不久，不满意英国的印度在 1948 年 8 月正式提出要退出英联邦，建立共和制，不再忠诚于英王的最高权威。在印巴抱怨与指责英国的同时，美国与苏联分别向巴基斯坦和印度表示友好，两两关系得到不断改善增强，英国在南亚的影响力迅速降低。为挽留印度继续留在英联邦，艾德礼政府不惜更改英联邦的基本原则，接受共和制的印度继续为英联邦成员国。与此同时，英美以联合国的名义于 1949 年 1 月 1 日通过印巴停火决议。时值隆冬大雪封山，印巴两国均无力再战，第一次印巴战争就此宣告结束，印巴分别占领克什米尔的 2/3 和 1/3 的地区，争端依然如旧。

---

　　① Telegram, from Government of Pakistan to Commonwealth Relations Office, 7th March, 1948, No. 778, PREM 8 /1455 /3, the National Archives of U. K. .

　　② Telegram, from Foreign Office to New York (to United Kingdom Delegation to United Nations), 22nd March 1948, PREM 8 /1455 /3, the National Archives of U. K. .

四　结语

从对 1947—1948 年印巴克什米尔争端的处理看，英国始终如一地坚持维护英联邦战略利益不受损害。由于印巴之间的尖锐矛盾，英国在应对时不得不经常加以调整，呈现出时而倾向巴基斯坦、时而倾向印度、时而中立、时而幕后指挥的情形，以寻找一条消解两难处境的道路，但是，无论英国政府如何绞尽脑汁和调整对策，它只能是在印巴之间勉力应付，最终还是得罪了印巴双方。印巴对英国的不满，加之"冷战"背景下美国与苏联的角力，使印巴两国均很快改善与美苏的关系，英国在南亚的影响力大大降低。英国对克什米尔争端的处理过程及结果，反映了一个夕阳西下的帝国不得不面临的无情现实，从一个侧面反映了一个曾经君临全世界的殖民帝国无可奈何的终结。

然而，英国在克什米尔争端的困境及应对的失败对任何企图介入南亚事务的大国，即便是美苏这样的超级强国来说都不是好兆头。在美苏"冷战"大背景下，决定南亚克什米尔问题解决的首要因素绝不是调停国家的力量及影响的大小强弱，而在于印巴两国之间的政治、经济、历史、宗教、民族等方面的仇恨是否能得以化解，在于印巴两国之间的国力能否达致平衡，在于大国是否在南亚展开争夺。如果以上条件难以满足，任何大国，即便是强大的美国恐怕也只能徒唤奈何。所以说，在印巴对峙且力量失衡的情形下，次大陆存在一种结构性的大国困境，决定了英国的实践在很大程度上带有希腊式悲剧的色彩。这就是英国应对克什米尔争端时留给后继者的教训。

巴基斯坦文化多样性研究

周 戎

一 如何理解巴基斯坦文化的多样性

（一）巴基斯坦文化实际上是印度伊斯兰文化的自然传承

1. 1971 年以前的巴基斯坦文化

1947 年独立前，巴基斯坦是英属印度的一部分，巴基斯坦的两个特大城市拉合尔和卡拉奇当时都有相当多的印度斯坦族居住，因此，虽然巴基斯坦的穆斯林很早就占据了英属印度西北部（现在的巴基斯坦），但对整个巴基斯坦文化具有根基性影响的国别文化首先是印度文化，虽然巴基斯坦有不少印度河古迹，但在英属印度期间，管理这些古迹的人都是印度斯坦人。随着巴基斯坦（当时包含孟加拉国）脱离印度独立，在巴基斯坦形成了西部的以乌尔都语言文学为主的西巴基斯坦文化和东部（今孟加拉国）以孟加拉语言文学为主的东巴基斯坦文化。独立之初，印度军队语言乌尔都语（营房语言）被确定为巴基斯坦国语，但乌尔都语文化在孟加拉国并未扎根，乌尔都文化与孟加拉国文化也从未融合过。应当说，从语言角度讲，乌尔都语更接近印地语，但从文字角度讲，孟加拉文与印地文更像孪生兄弟。在东、西巴是一个国家时，议会辩论也基本是乌尔都语和英语交替使用，因此到西巴履行公职的孟加拉人必须会乌尔都语，而到东巴基斯坦履行公职的西巴基斯坦人却没有要求通晓孟加拉语，加上时任总统阿尤布·汗采取的利用东巴基斯坦出口收入增加西巴基斯坦建设资金这种"挖东补西"政策，因此，东、西巴基斯坦之间的裂痕越来越明显，而后，由于阿尤布·汗总统又将巴基斯坦分为东巴基斯坦省和西巴基斯坦省，更加剧了东、西巴基斯坦两地相互封闭和相互对立。当时，东巴基斯坦的人口总数要超过西巴基斯坦，但巴基斯坦伊斯兰共和国的首都、经济中心都在西巴基斯坦，而不在东巴基斯坦。相比

[作者简介] 周戎，原光明日报驻伊斯兰堡首席记者，江苏师范大学巴基斯坦研究中心顾问，兼职研究员。

较而言，当今巴基斯坦文化的伊斯兰成分更多一些，而孟加拉国大体上是单一民族，在孟加拉国形成以土著文化为基础的孟加拉民族文化。

2.1971 年后的巴基斯坦文化概况

1971 年巴基斯坦分裂后，就形成了今天的巴基斯坦伊斯兰共和国和孟加拉人民共和国（简称孟加拉国），孟加拉国开始静悄悄地在文化上推进"去巴基斯坦化"的运动，虽然老一代孟加拉国有文化的中产阶级大部分人都会乌尔都语，但是，随着孟加拉文化在孟加拉国的生根，今日孟加拉国已很难见到懂乌尔都语的人了。尽管在孟加拉国社会里有不少信奉伊斯兰教的印度移民，但是，他们的"乌尔都"口音则更像印度的比哈尔邦地区的方言，其口语习惯也与今天巴基斯坦的乌尔都语大相径庭。1971 年孟加拉国的独立，使得今天巴基斯坦文化的影响力仅限于 80 万平方公里的国土和约 19200 万人口，而孟加拉人国 14 万平方公里土地和 16000 万人口已完全脱离了原来意义上的巴基斯坦文化，成为独特的孟加拉文化，也成为南亚三大文化，即巴基斯坦文化、印度文化和孟加拉国文化之一。

不论是 1971 年以前的巴基斯坦，还是今天的巴基斯坦，由于种族的多样性和复杂性，各种文化之间并无十分强烈的相互渗透现象，巴基斯坦民族间相互通婚概率很低，即使是本民族内部，相互通婚也只限于各个同一家族，或同一村落，依次是同一部落和同一地区人之间的通婚，表亲通婚在巴基斯坦社会十分普遍，而异族通婚不被鼓励。这就使巴基斯坦各个民族的融合速度十分缓慢，只能靠伊斯兰教将各种复杂成分的文化统一到巴基斯坦文化范畴中。事实上，今天的巴基斯坦文化尚不能说是一种统一的民族文化，而是由西旁遮普族文化、普什图族文化、穆哈吉尔族文化、信德族文化、俾路支族文化、克什米尔族文化和北部地区文化（即所谓红扎文化和巴尔蒂文化）所杂糅形成的，所有这些文化之间的共通性主要通过共同的宗教信仰即伊斯兰教对各个不同文化的相同影响力来体现。

3. 伊斯兰教不同教派对巴基斯坦文化的影响

巴基斯坦的伊斯兰教主要分成伊斯兰教逊尼派和什叶派，而在逊尼派中，又分成比较强悍、激进的南亚教派德奥班迪派和比较保守但相对温和的巴拉维派。近三十年，来自中东地区的伊斯兰教逊尼派极端教派瓦哈比派以及其延伸萨拉菲教派在巴基斯坦也有影响，使在巴基斯坦谈及文化时不得不与宗教挂钩，即这种文化是宗教文化的一部分，几乎没有不与宗教关联的世俗文化，因此，研究巴基斯坦文化的多样性和同一性，对于我们研究巴基斯坦社会，尤其是巴基斯坦社会文化中的宗教极端倾向以及剖析和判断巴基斯坦社会的未来走向都具有重要的意义。必须指出的是，在巴基斯坦的沿海地区，什叶派影响力相对较大，在巴基斯坦内陆和山地，逊尼派的影响力很大。卡拉奇市是巴伊斯兰教多种文化相互交融的万花筒，伊斯兰教各种教派的宗教学校、建筑物，比比皆是。而巴基斯坦北部地区的文化，如开伯尔·帕克图赫瓦省的普什图族文化，伊斯兰教色彩比较重，这里，人民的服饰十分传统，男性的行为举止也比较豪爽、强悍。许多文化学家认为，普什图族对伊斯兰教的笃信程度较高，他们的文化受宗教影响较深，崇尚古典和传统，因此，在白沙瓦地区和部落地区的普什图族文化显得与卡拉奇和拉合尔的文化多少有些格格不入。实际上，普什图族文化不仅受伊斯兰教影响，而且也在影响伊斯兰教在普什图地区的传播，一些人误认为，普什图族的好客和"好战"都是伊斯兰极端主义特征，其实是误将普什图族本来的内在特质当作伊斯兰教文化特质。

（二）当今巴基斯坦文化的多样性特征

1. 巴基斯坦文化多样性的历史地理特征

巴基斯坦文化大体以印度河为界。一般来说，从印度河往东、往南，属于纯粹的印度穆斯林文化的传承，因为在印度河以东、以南的巴基斯坦国土基本上都是以旁遮普族和信德族为主。实际上，巴基斯坦的文化范畴可以分成三块，东部是克什米尔文化、旁遮普文化（包括塞莱基文化、布特瓦利文化和兴都库什文化）和信德文化的发祥地；西部则是俾路支文化和普什图文化的摇篮；南部则是米格拉尼文化（巴基斯坦黑人文化）和穆哈吉尔文化（信奉伊斯兰教的印度移民后裔）的汇合点。闻名世界的印度河流域文明的发祥地就在巴基斯坦，它几乎与两河文明和尼罗河文明处于相同时代，而实际上印度河文明就是巴基斯坦文化的起源，令巴基斯坦引以为自豪的是，虽然印度河文明以印度命名，但整个印度河文明的遗址基本上都在巴基斯坦，而印度河文明的发展史实际上就是巴基斯坦文明和文化的发展史。旁遮普省的哈拉帕和信德省的摩亨焦达罗因其拥有印度河文明的旧址而闻名于世。

伊朗人和俾路支族人曾在古代从西面打到了信德省境内，但是，由于印度河和大山的阻隔，就使来自伊朗和俾路支各个部落的人就此止步。因此，在印度河以东形成了与印度东旁遮普邦连成一体的旁遮普文化。同时在旁遮普文化与俾路支文化之间，又形成了独特的信德文化。如果以印度河划界，印度河以东分别是克什米尔文化、兴都库什文化、旁遮普文化、塞莱基文化和信德文化，而印度河以西则分别是普什图文化、俾路支文化、布拉灰文化和米格拉尼文化。

古代希腊马其顿大帝亚历山大、波斯的萨珊王朝、白匈奴、贵霜帝国（阿拉伯人）、中亚的塞尔柱人都曾入侵过今日的巴基斯坦，这些入侵者既是外来征服者，又是异域文化的传播者，外来文化与本土文化的不断撞击、相互渗透、融合后，产生了具有多种文化特点的文化现象，印度文化、欧洲文化、中亚文化、阿拉伯文化和伊朗文化在不同时期对现代巴基斯坦文化都有不同层次的影响力和渗透力。

2. 巴基斯坦各个民族文化具有明显的跨国性

巴基斯坦各个民族具有明显的跨国文化特征。例如，在巴基斯坦西南部的俾路支斯坦省，其主要民族之一俾路支族的文化受伊朗波斯文化影响较大，俾路支语与波斯语的接近程度也最大。

在巴基斯坦北部地区的普什图族，他们的语言和文化受阿富汗的主体民族普什图族文化影响很大，所不同的是，阿富汗的普什图语吸纳了更多的波斯语成分，而巴基斯坦的普什图语则吸纳了较多的乌尔都语和英语成分。

巴基斯坦的旁遮普族实际上与印度境内的旁遮普族如出一辙。所不同的是，在印度的旁遮普邦，主要居民是信奉锡克教的旁遮普族人，因此，他们形成了锡克教旁遮普文化；而在今天巴基斯坦的旁遮普省，主要由旁遮普族的四大分支——塞莱基人（旁遮普人与信德人和俾路支族混血）、布特瓦利人（布特是巴丹的谐音，即旁遮普族与巴丹族—普什图族的混血）、穆哈吉尔旁遮普族（来自印度、信奉伊斯兰教的旁遮普族）和本地旁遮普族（以拉合尔为核心）构成四大文化的交融。他们与印度旁遮普族的最大区别在于，这里的旁遮普文化完全被伊斯兰化了，而印度的旁遮普文化则受锡克教和印度教影响很深，双方语言交流毫无问题，但文化上已有很大区别。因此，巴基斯坦的本土文化实际上是以印度本土文化为主体，兼有伊朗文化、阿富汗文化因素的混合体，巴基斯坦所有的主要民族所在地域都与各自毗邻的周边国家有着深刻的历史文化渊源，即使是信德文化，也与周边的印度各个邦有广泛的联系，印度的古吉拉特邦也有不少信德人。迄今为止，这种文化渊源还在巴基斯坦与周边国家的文化交流中发挥着积极作用。

3. 巴基斯坦不同民族的主体文化

（1）旁遮普文化

巴基斯坦各个主要民族文化不存在单一性。生活在印度河东岸、南岸平原的旁遮普族既有骁勇善战的勇士，又有勤劳务农的能手。旁遮普文化实际上是旁遮普亚民族塞莱基族、布特瓦利族、穆哈吉尔旁遮普族和拉合尔旁遮普族四种文化相互交织和影响形成的文化，当然，起主导作用的依然是本地旁遮普族文化和穆哈吉尔旁遮普文化，前者多为当地地主豪强，后者多为工商企业界人士，在独立后，虽然旁遮普族群内部通婚不是很多，但例外的是，穆哈吉尔（印度旁遮普族移民）旁遮普族与拉合尔地区旁遮普族的联姻（主要是穆哈吉尔旁遮普资本家和拉合尔旁遮普族地主家族之间的联姻）比较普遍，形成了以拉合尔为核心的新时代旁遮普文化，这是在旁遮普省地区文化水准最高、最易接受外来文化的地区，也是从经济和文化意义上讲，旁遮普省文化最发达的地区。但以木尔坦为核心的旁遮普族支系塞莱基族不同，人们更愿意把他们看成非旁遮普族，这是因为，他们本身的种族血统并不单纯，塞莱基族实际上是旁遮普族与信德族之间的一种过渡亚民族，其语言和文化风格兼有旁遮普文化和信德文化，所不同的是，由于俾路支族文化和普什图族文化的渗透，塞莱基族实际上成了巴基斯坦多个民族杂糅交织的混合体。塞莱基族在经济和文化方面较之拉合尔地区的旁遮普族要落后得多，虽然塞莱基族形成了自己的语言，亦被称为信德语的一种方言，与旁遮普语差别较大，但并无文字。近几年来，塞莱基民族主义者要求成立单独的塞莱基省，脱离旁遮普省，但这种主张始终没有形成塞莱基族民族共识，因为塞莱基族本身就是附着于巴基斯坦其他各个民族的复合混杂民族体，无论在经济上还是在文化上都很难自成体系。虽然有人把塞莱基族当作旁遮普族的外系和杂糅，但塞莱基族文化很难独立存在。

如果把全世界旁遮普族作为一个整体就会发现，旁遮普语言是世界上十大语言之一，操这种语言的旁遮普族人口达到 1.3 亿。而最有趣的是，印度的宝莱坞是电影巨城，但宝莱坞电影 50% 的歌舞和音乐都来自旁遮普族，所以说，旁遮普文化，如果不计算其伊斯兰色彩的话，依然是影响和引导印度娱乐业的重要文化。

比较而言，旁遮普人在巴基斯坦各个民族中最具两面性，既是最温和的民族，也是最强悍的民族，旁遮普人的文明程度也最高，旁遮普省是巴基斯坦经济和文化最发达的省份，高等学校的数量和识字率在巴基斯坦都是最高的。

（2）普什图文化

与之形成鲜明对比的是普什图族文化，虽然普什图族的主要聚集地在开伯尔·帕克图赫瓦省，这里基本上没有平原，全是山地和高原，普什图族明显带有山地民族的特征，他们擅长打猎、畜牧，崇尚武士精神，他们有较深的部落印迹。该省的总面积只有 7 万多平方公里，不足巴基斯坦全国面积的 10%，但普什图族的影响力却是带有全国意义的。我们可以将普什图族文化分为六个部分，即联邦直辖部落区、省（开伯尔·帕克图赫瓦省，简称 KPK 省，下同）直辖部落区、KPK 边疆区、哈扎拉区、俾路支斯坦省普什图地区和卡拉奇市六个不同的领域。相比较而言，卡拉奇的普什图族最西化，而联邦直辖部落区的普什图族最传统。此外，由于山地与平原的差异，山地普什图族的皮肤较黑，而平原普什图族的皮肤较白，但是，由于表亲联姻的关系，普什图族与旁遮普族一样，基本上不与异族通婚。

（3）信德文化

信德族是巴基斯坦最早接受阿拉伯文化的民族，也是巴基斯坦各民族中唯一一个有广泛阿拉伯血缘的民族，信德族也是平原民族，他们擅长农业，又因他们所处的地域靠海，因此，他们又是巴基斯坦渔业、商业、手工业领域的先驱者。信德省虽然人口多达 5000 多万，但在信德省首府卡拉奇市，信德族却是少数民族，这里人口最多的民族是穆哈吉尔族，其次是普什图族，而信德族在卡拉奇全部人口的比重只有15%。在整个信德省，信德族又分成上信德和下信德，上信德主要是指信德省北部地区的丘陵地带，下信德主要是指信德省南部由印度河塑造的印度河三角洲地带，正是由于这种山地与平原的差异，也形成了上信德人遵循传统、笃信宗教、古朴和豪爽，下信德人喜欢经商、开放和世俗。

（4）俾路支文化

俾路支人身材与长相酷似伊朗人，与伊朗高原民族十分接近。俾路支民族也是部落民族，他们的部落文化痕迹很浓厚。俾路支族文化则有其特殊的复杂性。俾路支斯坦省境内，俾路支族不是第一大民族，而普什图族是第一大民族，在俾路支斯坦首府奎达市，占绝对多数的民族不是俾路支族，而是普什图族。在巴基斯坦的俾路支族人口大约700万，但只有一半居住在俾路支斯坦省，这里依然保留着传统的部落制度（萨达尔制度，一种变相的奴隶制度），而另一半则散居在旁遮普省南部和西南部的塞莱基地区以及上信德地区。这些在外省久居的俾路支族已经旁遮普化或者信德化，其风俗习惯也发生了变化。巴基斯坦现任总统扎尔达里的家族就是从俾路支斯坦省迁居到信德省的俾路支族人，但是，由于他从未接触过俾路支部落，因此，只会英语、乌尔都语和信德语，而自己的母语基本上不会讲。从这个意义上讲，巴基斯坦的民族融合随着各个民族的迁徙而与不同文化交融，但由于异族通婚很罕见，因此，在谈到巴基斯坦民族多样化时，差异性依然大于同一性。

（5）穆哈吉尔文化

最令人感到诧异的是巴基斯坦的穆哈吉尔族，他们是唯一没有在巴基斯坦有根的民族，由于他们都是外来移民，他们在巴基斯坦没有土地，因此，穆哈吉尔族自进入巴基斯坦那一天起，就曾经有过外来的特权民族和统治民族的感觉。因为穆哈吉尔族是唯一在东、西巴基斯坦均有自己地盘的民族。随着巴基斯坦的分裂，穆哈吉尔族有一种紧迫感，即穆哈吉尔族很有可能被边缘化，这个民族缔造了巴基斯坦的首都、国歌、国语，是巴基斯坦第一批政府官吏、军队军官、现代工业的创造者。由于卡拉奇的种族、宗教冲突的加剧，穆哈吉尔族感到自己的生存空间越来越小，生存危机感越来越强。因此，穆哈吉尔人戏称自己是巴基斯坦的巴勒斯坦人或者犹太人。

（6）克什米尔文化

研究巴基斯坦文化还不能忘记具有独特风格的克什米尔文化，这种文化是最典型的山地文化，克什米尔族在巴基斯坦是最小的民族之一，但克什米尔地区却引发了三场印巴战争，克什米尔被认为割裂成巴控克什米尔和印控克什米尔，而当地的文化兼有中国的藏族文化、巴基斯坦北部的红扎族（塔吉克族变种）文化、西纳族文化、吉尔吉特族和巴尔蒂族文化（巴基斯坦藏族），具有浓厚的高山民族特征。

每当巴基斯坦举行国庆阅兵时,我们可以清晰地看到,巴基斯坦各省文化差别很大。例如,旁遮普族体现了巴基斯坦的平原文化,信德省体现了巴基斯坦的海洋文化,而开伯尔·帕克图赫瓦省(原西北边境省)体现的是具有阿富汗文化特征的普什图文化,或者称为巴基斯坦的山地文化,而俾路支斯坦省的文化接近伊朗,且土地贫瘠,被誉为荒漠地带文化。

二 巴基斯坦文化多样性的形成原因

(一)巴基斯坦文化多样性的历史成因

从纯民族文化的意义讲,巴基斯坦文化实际上接受了英国文化、印度文化和伊朗文化的共同影响。

1. 印度文化对巴基斯坦的影响力最大

从民族构成来讲,巴基斯坦社会绝大多数民族都是原英属印度的民族,而且巴基斯坦文化原本与印度文化是同根生的,他们有着几乎相同的历史,但是,由于宗教的不同,他们的文化溯源、文化发展出现了很大的差异。印度主体文化对巴基斯坦的影响最大,在巴基斯坦的电视娱乐节目里,虽然有英国和美国的电视节目,但是,无论是歌舞节目还是主体电影,基本上都是印度的,因此,印度文化与巴基斯坦文化的趋同性最大,巴基斯坦文化从严格意义上说是印度文化的变种和延伸。目前,在巴基斯坦依然有印度斯坦族和锡克教徒,这些人虽然不占巴基斯坦社会的主体,但依然有相当大的影响力,应当说,印度教徒和锡克教徒以及印度移民在巴基斯坦的社会地位要远远高于基督教徒。在巴基斯坦的确有一些极端主义者袭击基督教徒,但是,鲜有印度教徒和锡克教徒遭遇袭击。应当说,印度文化是巴基斯坦文化的根,也是巴基斯坦民俗文化的最重要来源,但凡提起巴基斯坦文化,就无法也不能将其与印度文化割裂开来。

当然,在巴基斯坦建国后,由于伊斯兰教对巴基斯坦社会的影响举足轻重,人们的行为准则都要遵循伊斯兰教教义,因此,印度文化对巴基斯坦社会的深层次影响开始减弱。

2. 伊朗文化对巴基斯坦文化的影响力主要体现在文字和诗歌方面

伊朗对巴基斯坦文化也有相当大的影响,巴基斯坦的国语乌尔都语中波斯词汇很多,但是,伊朗文化对巴基斯坦文化的影响没有决定意义,因为不仅乌尔都语词汇中有波斯语,连印地语词汇中也有波斯语,因此,不能认定乌尔都语带有波斯词汇,就认定伊朗文化对巴基斯坦文化有深刻的影响。笔者到过巴基斯坦的一些毛毯商店,发现巴基斯坦毛毯和伊朗毛毯相差很大,伊朗毛毯不仅质地更好,而且更加富有中东特色。而巴基斯坦毛毯与印度毛毯十分接近,尽管巴基斯坦文化带有明显的伊斯兰特征,但是,巴基斯坦文化更近乎次大陆的穆斯林文化。巴基斯坦独立前，有不少巴基斯坦人成为波斯语的诗人；巴基斯坦独立后，用波斯语进行文学创作的巴基斯坦文学家逐渐减少。目前巴基斯坦虽然有许多学校仍在进行波斯语教学，但已经没有什么巴基斯坦学者和文学家有较深的波斯语言和文学造诣了。伊朗文化毕竟是世界穆斯林文化的一部分，在巴基斯坦有相当数量的什叶派穆斯林，而且每年都有数以万计的巴基斯坦什叶派穆斯林到伊朗什叶派穆斯林圣城库姆朝觐，而伊朗的毛纺艺术和地毯丝织艺术依然对巴基斯坦手工文化有很大的影响力，伊朗通过什叶派宗教学校对巴基斯坦现代文化依然存在一定影响。

3. 阿富汗普什图族文化对巴基斯坦普什图文化的作用复杂

对巴基斯坦文化还有较大影响的是阿富汗普什图族文化，阿富汗普什图族与巴基斯坦普什图族同宗同种，不仅语言接近，而且风俗习惯也类同，所不同的是，阿富汗普什图语夹杂更多的波斯语方言，而巴基斯坦普什图语夹杂更多的乌尔都语词汇和英语词汇，作为官方语言的英语，对巴基斯坦各个民族的语言都有影响，但在阿富汗，英语对阿富汗的语言构成没有多少影响力，但伊朗对阿富汗的影响力反而很大，因此，普什图语虽然分别是阿富汗和巴基斯坦两国普什图族的共有语言，但其方言、表达方式都夹杂各自的国家特征，巴基斯坦普什图语夹杂乌尔都语和英语的词汇，许多专有名词都来自英语，而阿富汗普什图语受英语影响很小，根本不受乌尔都语影响，而受波斯语（在阿富汗叫达里语或者法希语）影响很深，如果真要是把两国普什图语统一起来，还相当困难。但是，阿富汗普什图族的文学艺术作品对巴基斯坦普什图族仍有很大影响力。

4. 海湾国家文化潜移默化的影响

随着巴基斯坦与海湾国家的走近，卡拉奇这个巴基斯坦西南部的最大城市也接受了不少来自阿拉伯半岛的文化，海湾国家的公民往往在巴基斯坦社会享有特殊地位，这是因为，不仅海湾国家为巴基斯坦的经济建设提供了大量资金，而且海湾六国又是巴基斯坦海外劳工输出的主要对象国，不少巴基斯坦俾路支族公民持有阿曼和巴基斯坦双重国籍，但他们的子女都在阿拉伯语学校上学，所以，新一代巴基斯坦海湾劳工为巴基斯坦社会带来了许多海湾文化，而海湾国家的商业模式也开始为巴基斯坦所吸纳。海湾国家多为穆斯林国家，在文化交融方面相互排斥不多，因此，海湾文化对巴基斯坦渗透的主要方式是通过商业途径和劳工途径，而这种渗透是长期的。当然，对巴基斯坦社会的冲击也是缓慢的。因为巴基斯坦在海湾国家的劳工迄今为止没有形成自己的政治力量，绝大部分在海湾国家生活的巴基斯坦人都属于海湾移民社会底层，鲜有进入精英阶层者，因此，这些劳工身份的移民虽然通过其亲属影响巴基斯坦社会，这些影响十分有限，但海湾国家对巴基斯坦商业文化的影响是巨大的。

不仅如此，海湾国家的民间文学开始影响巴基斯坦沿海地区，许多卡拉奇地区的文学家开始模仿海湾国家的文学创作，而现代海湾文学对巴基斯坦当代青年的影响力和渗透力在逐步扩大。

5. 西方英语社会对巴基斯坦文化的影响力犹在

西方社会尤其是英语国家对巴基斯坦文化的影响力也很大，巴基斯坦政治文化沿袭了西方政治文化的传统，巴基斯坦的政治体制很大程度上是英国政治体制的翻版。例如，巴基斯坦目前政府中的联合秘书、辅助秘书、外交国务秘书等称呼基本上与目前英国政府内职务设置大体相同，在这一点上，巴基斯坦也与印度相同。巴基斯坦国内政治文化中的执政党与反对党之间的关系也酷似英国国会上、下两院执政党与反对党的关系，因此我们可以说，在政治文化层面，巴基斯坦几乎全面接受了英国和美国的政治文化影响。在巴基斯坦，最主要的西方媒体影响是美国和英国，美国和英国的非色情（功夫片）录像片和电影光盘在巴基斯坦市场很畅销，许多巴基斯坦青年学生依然模仿美国和英国人的服饰，喜好美国和英国的流行音乐。巴基斯坦上层社会的许多礼节、交往方式、大型研讨会模式，也基本上是模仿美国和英国的，虽然美国和英国的文化模式对于巴基斯坦社会的底层和少、边、穷地区影响不大，但是，随着巴基斯坦城市化进程的加快，城市的英文标识会不断增多。长期以来，巴基斯坦国家的官方语言是英语①，巴基斯坦英语教育仍属于精英教育，英语文化的影响挥之不去。在巴基斯坦各大城市，90%以上的广告牌用英语，在高速公路、铁路、航空港、海港的主要指示牌都是英语，同样，巴基斯坦联邦政府的公文也是英语，如果不会英语书写，也就基本上失去了在联邦政府工作的资格。不仅如此，巴基斯坦每年有数以千计的留学生到海外求学，他们的首选国家也是英语国家，主要是美国、英国、加拿大和澳大利亚四国，去新加坡留学的巴基斯坦人也不少，因此，英语国家和英语民族依然是对巴基斯坦文化有长期和重大影响力的外部力量。

当然也有例外现象，虽然巴基斯坦的官方语言是英语，但除了大城市，多数中小城市都没有把英语当作官方语言，以瓜达尔港为例，当地一些出名的记者不仅不会讲英语，而且连乌尔都语（国语）讲起来都非常吃力。

（二）巴基斯坦文化多样性的宗教成因

要了解巴基斯坦文化的多样性，不能不说伊斯兰教对巴基斯坦的文化多样性具有相当的吸纳和包容能力。应当说，当代巴基斯坦文化或者说南亚穆斯林文化是在伊斯兰教传播到巴基斯坦后，使巴基斯坦当地居民的绝大多数都皈依了伊斯兰教，而伊斯兰文化与印度本土文化的融合即从那个时代开始（公元13世纪），在两种文化经过激烈撞击、渗透和融合后，形成了印度次

---

① 2015年9月，巴基斯坦最高法院颁布命令将乌尔都语定为国家语言，要求政府机构文件必须是乌尔都语。

大陆上特有的南亚穆斯林文化，而这种文化实际上就是现代巴基斯坦文化的前身。

自建国以来，巴基斯坦从未有过依靠联姻推进的民族融合，许多不同民族的人可以一起做生意、一起共事，但一旦谈到两个同事家庭的谈婚论嫁，往往都望而却步，也就是说，不同民族的人可以在一起共处、共事，但很难相互通婚，无论是巴基斯坦社会风俗还是传统都不太接受异族男女通婚。虽然不同民族在一块土地上共处，又不能通过联姻相互融合，但由于有了大家共同的宗教信仰和传统的包容互助习惯，各个民族之间一般相处得比较和睦，只是在最近 50 年，由于各种国际、国内、种族、宗教、土地利益、族群矛盾的出现和发展，才使巴基斯坦各个民族之间的关系紧张起来。伊斯兰教对巴基斯坦民族的融合起到了黏合的作用，但随着伊斯兰教内部各教派之间、各教派内部各个学派之间的矛盾加深，巴基斯坦民族的融合速度开始减慢。

齐亚·哈克于 1977 年执政后，强化巴基斯坦国内的伊斯兰教育，增加了巴基斯坦宗教学校的比重，因此，巴基斯坦除私立贵族学校外已不存在纯世俗的教育，所有的文化都带有伊斯兰特征，普通的中小学教材也都带有较多的宗教知识内容和宗教教育内容。巴基斯坦所有重大国家庆典、重要仪式，请宗教教士吟诵《古兰经》都成了必要的程序。几乎所有的正式和大型研讨会，在开始之前都有专人做《古兰经》吟诵；几乎所有的公立在校学生，都要吟诵部分《古兰经》经文，虽然私立学校在这方面的要求并不严格；目前巴基斯坦国民议会开会、总理和总统宣誓就职，这些宗教礼数也不能少。因此，巴基斯坦文化中的伊斯兰色彩越来越重，这也使当代巴基斯坦文化脱离原有的印度文化根基，形成独特的、有强烈伊斯兰色彩的文化。

对巴基斯坦宗教文化影响最大的当属沙特阿拉伯，巴基斯坦多数宗教学校都是沙特阿拉伯王室资助的，小部分什叶派穆斯林的宗教学校也受伊朗什叶派教士赞助，但就宗教文化层面而言，巴基斯坦受沙特宗教文化的影响要远远超过伊朗的影响，据说一旦沙特王室成员抵达巴基斯坦某个大城市，往往万人空巷。这不仅是因为沙特阿拉伯王室有钱、有石油，也是因为沙特阿拉伯有穆斯林逊尼派的圣地麦加和麦地那。

从巴基斯坦生存和发展意义上讲，伊斯兰宗教文化是推动巴基斯坦文化向前发展的一个重要因素，而宗教极端主义又同样是迟滞巴基斯坦文化前进的因素之一。伊斯兰教对巴基斯坦文化的影响力毫无疑问要超过国别文化、殖民文化和历史文化对巴基斯坦文化的影响力。

反过来，巴基斯坦现代文化对于现代伊斯兰世界的文化进步起着不可替代的作用，如果加上印度和孟加拉国的穆斯林文化，在整个南亚的穆斯林人口远远超过了整个阿拉伯世界，而巴基斯坦、印度（将近 3 亿穆斯林）和孟加拉三国穆斯林社会的文明发展和文化进步实际上在推动整个伊斯兰世界的文明进步，成为现代伊斯兰世界文化发展的支柱之一。

巴基斯坦现代文化是古代印度河文明、近代西方文明和伊斯兰文明遗产三方碰撞、交会、融合的产物，是三种文明融合的升华。它既不是纯本土文化，也不是纯宗教文化，更不是西方文化的衍生品。

伊斯兰教是巴基斯坦各种文化现象的灵魂。在音乐上，穆斯林音乐要遵守伊斯兰教法，要歌唱真主；而很少把音乐当作消遣手段。迄今为止，巴基斯坦各大清真寺每天早晨的唱经实际上是巴基斯坦音乐伊斯兰化的一个缩影。由于伊斯兰教反对偶像崇拜，因此，巴基斯坦画家的人物写生较少，笃信伊斯兰教的画家不会画有生命的人。最近几年这种状况发生了变化，世俗主义倾向开始静悄悄地渗透到巴基斯坦绘画领域，笔者看到的仅已故前总理贝·布托夫人的各种画像就有上百种不同风格。

穆斯林建筑风格的突出特点是尖塔、圆顶和拱门，而巴基斯坦最宏伟、最壮观的建筑物主要是清真寺，其他建筑不论多么豪华，都难以超过最气势宏伟的清真寺的水准，清真寺不仅被认为是最神圣、最圣洁的地方，也被认为是最高贵的殿堂。位于伊斯兰堡的费萨尔清真寺，是前沙特国王费萨尔资助的，里面的富丽堂皇和现代化设施连毗邻的巴基斯坦总统府、总理府、国会大厦和最高法院几乎都相形见绌。

巴基斯坦的现代文学受伊斯兰教宿命论影响很深，无论是原创故事还是外传故事，无论是爱情传说还是笑话、动物故事、童话故事、叙事诗、谚语、成语、歌谣乃至电视剧等都贯穿伊斯兰教宿命论的思想。伊斯兰教宿命论思想的主要内容就是：命中有的，不求自得；命中无的，强求不来；斑斓的命运是安拉的恩赐，悲惨的命运是真主的考验。因此必须顺从和忍耐，也正是依据宿命论的思想，几乎所有的爱情传奇故事最后都是以悲剧结尾，真挚的爱情往往与命运安排的婚姻相冲突，这就使巴基斯坦文学创作走进了现实与理想相冲突的误区，文学作品很难对巴基斯坦的民族复兴产生震撼作用。

(三) 巴基斯坦文化与印度文化的差异性

1. 巴基斯坦民族语言文化的发展与印度语言文化呈现出明显差异

毋庸讳言，印度社会文化的宽度和厚度要高于巴基斯坦，印度社会文化的多样性要高于巴基斯坦，由于印度的国语印地语很难通行全国，因此，印度南部和北部不同种族之间的族际交流基本上是英语，而印度是重商主义国家，英语又是印度的官方语言和商业语言，因此，在印度社会普遍用英语作为族际交流的语言工具，英语普及程度较高，反过来印地语的普及程度则不够。巴基斯坦社会则全然不是这样，巴基斯坦文化中崇尚军队的色彩犹存，但巴基斯坦的商业语言却不是英语，而是乌尔都语，虽然书面商业语言是英语和乌尔都语并重：从事大宗贸易的人，英语依然是他们的商业用语，但从事中小贸易的人，则完全不懂得英语，乌尔都语成了他们的语言偏好。也就是这个原因，巴基斯坦在普及统一民族语言的方面要比印度成功。

2. 巴基斯坦政治文化与印度政治文化的差异

印度政治文化与巴基斯坦政治文化相同，家族色彩都比较重，但印度的政治文化更贴近于英国和美国为代表的西方政治文化，而巴基斯坦的政治文化更贴近于尚未成熟的民族主义发展中国家的政治文化。两国建国66年的历史上，巴基斯坦多次发生军队和民选政府交替执政的现象，而印度则一次都没有，印度的政治历史上从未出现过军队强势的现象。这是因为，从政治文化层面上讲，印度一开始就强调议会立国，不允许印度军队成为影响国家方向的政治势力，而必须成为执行国家指令的工具。而巴基斯坦过去是英属印度军队最主要的招募来源，因此，私人武装、部落武装、民兵在巴基斯坦是传统，军队在相当长时期在巴基斯坦政治中具有举足轻重的地位。66年来，巴基斯坦与印度社会政治文化发展的方向和进程如此不同，也就决定了两国的文化不可能再回归到英属印度时代，两国间各自独立的文化已经形成。

三　巴基斯坦文化多样性的表现及其对当代巴基斯坦社会发展的影响

巴基斯坦文化的多样性，对巴基斯坦社会的发展起到了助推作用，例如，信德族的平和、普什图族的剽悍、旁遮普族的主宰感和宽容、俾路支族的屈辱感以及穆哈吉尔族的危机感都在巴基斯坦的社会政治生活中淋漓尽致地体现出来。讲到巴基斯坦的建筑艺术，旁遮普族建筑艺术风格更具有印度风格，而普什图族建筑艺术更具有阿富汗的山地特点，而俾路支族建筑艺术更带有伊朗色彩，信德族建筑艺术受海湾国家的影响，许多信德省的建筑，与海对面的阿曼几乎别无二致。从服饰看，普什图族和俾路支族的山地服饰特征多，而旁遮普族和信德族的平原特征多。就宗教建筑而言，旁遮普省集中了巴基斯坦最大多数的伊斯兰圣殿、圣地，而信德省则更多地体现近代伊斯兰教教派之间的冲突与融合，至于开伯尔·普赫图赫瓦省，则更多的古迹带有佛教特征，著名的塔克希拉实际上是亚洲佛教圣地之一，那里的文物仍完好无损，但那里的古迹则年久失修。而伊斯兰教的建筑在巴基斯坦相对较少，著名的伊斯兰教神殿泰姬陵在印度的阿姆丽则，人们惊奇地发现，巴基斯坦是伊斯兰国家，却有塔克希拉那样的佛教圣地，而印度是以印度教为主的国家，却有泰姬陵这样宏伟不朽的建筑。

正是由于巴基斯坦文化的多样性，所以很难说有一个统一的、被巴基斯坦全国各民族一致认可的巴基斯坦民族文化，多样性就是巴基斯坦民族文化的基本特征。也正是因为巴基斯坦多元文化的发展，既促成了巴基斯坦经济的多样化，也促成了巴基斯坦社会结构的多样化和巴基斯坦宗教影响力的多样化。信德省农村的庄园文化和都市的海洋文化十分典型，旁遮普省都市的工业文化和乡村的小农文化很有特色。卡拉奇市穆哈吉尔族的商业文化成为巴基斯坦的一个对外窗口。开伯尔·普赫图赫瓦省和俾路支斯坦省的部落文化也使人想起剽悍勇武的伊斯兰圣战者。也正是因为这些民族不同的经济文化属性,使巴基斯坦社会斑斓灿烂,百花齐放。当然,负效应也是有的,即社会矛盾异常错综复杂,宗教、部族、家族、民族、地域等多重矛盾交织在一起,有时往往难以化解。

(一) 对巴基斯坦语言文学的影响

乌尔都语是巴基斯坦的国语。这是因为,巴基斯坦在立国时,为了避免某一种民族语言占压倒性优势,于是选择乌尔都语作为巴基斯坦的国语,而乌尔都语是英属印度军队的语言,亦称营房语言,只是到了1837年,才在英属印度的各穆斯林邦、省与英语共同确定为双官方语言,而此前英属印度的行政和司法语言居然都是波斯语。在巴基斯坦建国后,巴基斯坦国父穆罕默德·阿里·真纳为了避免任何一种民族语言成为国语,于是选择了在英属印度被穆斯林各邦普遍使用为官方语言同时又被英属印度多数民事法庭使用的乌尔都语作为,巴基斯坦国语,这就避免了因为语言而引发巴基斯坦联邦内部所产生的民族矛盾。巴基斯坦的乌尔都语与印度的乌尔都语差别依然很大,这是因为,巴基斯坦的乌尔都语掺杂了许多旁遮普语、信德语、普什图语、俾路支语和克什米尔语成分,而印度的乌尔都语依然是印度五个穆斯林比例较大的邦的官方语言,但印度的乌尔都语掺杂了不少印度地方民族的语言,因此,如果印巴两国的穆斯林民众通电话,双方很快就能分辨出谁是巴基斯坦人,谁是印度人,尽管他们之间正在用乌尔都语作为交流手段。最能连接巴基斯坦与印度之间的文化纽带依然是语言。虽然印巴语言的书写不同,印地语用梵文字母书写,而乌尔都语用阿拉伯字母书写,但印地语和乌尔都语之间的口语完全相同,只要双方不讲两种语言中的特殊词汇,双方之间的面对面沟通就毫无问题,笔者在巴基斯坦待了十年,发现许多印度常驻巴基斯坦的记者无须带翻译,就可以随意听懂巴国会议员在议会讲台上用乌尔都语进行的辩论。他们之间的交流要比北京人和上海人交流容易得多,原因就是印地语和乌尔都语之间无论从发音到语法都几乎完全一致。

巴基斯坦的国父之一、巴基斯坦国名的缔造者伊克巴尔就是著名的乌尔都语诗人,而乌尔都语是除伊斯兰教外,唯一能将整个巴基斯坦各个民族统一起来的语言。

还有一点必须强调,英语对巴基斯坦文化的影响很深,虽然巴基斯坦的英语是英属印度时期的殖民英语的延续,但最近三十年,由于美国的 CNN 和英国 BBC 电视节目的冲击,以及英语报刊在巴基斯坦的广泛传播,巴基斯坦仍不乏用英语进行写作的新闻评论家,巴基斯坦精英阶层的英语水平很高,尽管他们的发音带有浓重的南亚口音,但他们与英语国家人士进行交流和在英语国家生存无任何语言障碍。在现代巴基斯坦文化中,英语的词汇充斥在乌尔都语、旁遮普语、信德语、普什图语和俾路支语当中，包括国会、大学等名词，巴基斯坦各个民族语言都是借用英语的词汇，因此，英语对巴基斯坦文化的渗透仍在继续，而且还呈现继续扩大趋势。

（二）巴基斯坦社会文化中的男性主导特征

在巴基斯坦社会文化中，最明显的特征是男性化社会，一个大家族的首要人物一定是男性，虽然巴基斯坦也曾出现过女总理、女部长、女议员，但这些人在家中的地位要低于男性，除了个别例外，多数从政的女政治家在家里依然只能是从属于丈夫的角色。

亲缘政治文化是巴基斯坦的政治和文化风俗。巴基斯坦社会崇尚表亲联姻，往往许多家庭，不是共享一个祖父，就是共享一个曾祖父，巴基斯坦人不相信这样近亲繁殖会对后代造成健康和智力影响，虽然实际影响是存在着的。在巴基斯坦，有许多类似中国农村的亲族观念，例如，"姑舅亲，辈辈亲，打断骨头连着筋"，这种理念恰好符合巴基斯坦的社会环境，而亲缘政治对巴基斯坦社会的影响根深蒂固。

（三）对巴基斯坦人服饰的影响

巴基斯坦的国服被称为沙尔瓦·卡米兹（Shalwar Kameez），亦称巴袍，不论男女老少，都如此着装，越是到国庆盛典，越是如此。这种服饰的最大特点是宽松，男性的裤子十分肥大，巴基斯坦人不喜欢用皮带勒住腰部，于是你会很自然地看到，在街上许多营养过剩、大腹便便的人在街头游逛，而"他们的腰部几乎没有任何约束"。不论衣裤如何宽松，但袖口和领口却是钉着纽扣，而且人们不习惯敞胸露怀，即使在炎热的盛夏，穿着沙尔瓦的男性也必须正襟危坐。男性往往还随身穿戴马夹。与之形成对照的是，巴基斯坦女性的沙尔瓦从来不带任何纽扣和衣领，但服饰往往色彩斑斓，图样各异，女性还拖着长长的披肩，很多披肩一直拖到地面。而这种服装夏装往往是棉织品，而冬装则是羊毛制品。巴基斯坦各个民族都有自己的民族服装，这些服装根据其文化传统、气候、地理环境而各有不同。相对而言，俾路支族妇女的服装比较含蓄，下摆比较鲜艳，而普什图族妇女的服装从上到下都十分鲜亮光彩。旁遮普族妇女的服装比较追风和时尚，信德族妇女的服饰图样比较复杂和精美。有趣的是，即使是某些宗教色彩很重的妇女，她们往往在外面穿着一身黑或者一身白，以体现自己的传统风貌和对宗教的笃信，给人一种圣洁的感觉，但她们往往在黑、白袍的里面，穿着各种鲜艳的服装，即使是最传统的妇女，也喜欢把涂了红彩的脚趾露在凉鞋外，以展现她们的含蓄美。

此外，各色的穆斯林头饰和帽子也是巴基斯坦的一大特色，信德族人戴的帽子更像一个编织篓，简便、透风，而俾路支族人和普什图族男人则更多地用长长的布料将自己头部盘起来，也有人带着海湾人特有的"头圈"。

（四）巴基斯坦的节日

巴基斯坦节日多，而且这些节日不仅有世俗节日，也有宗教节日，不同的地区有不同的节日。在拉合尔和缅瓦里有劲牛和骏马的展示，而在吉尔吉特—巴尔蒂斯坦，则有马术表演。

开斋节是巴基斯坦最重要的节日之一，每当斋月到来之时，也是巴基斯坦富人向穷人施舍的时刻，斋月期间，穆斯林不得在日出后和日落前用餐、饮水。如果斋月出现在冬季，天短人们尚能忍受，但酷热的盛夏，白昼长，人们往往饥渴难耐。

斋月期间，也是穷人有机会接受施舍的时候，每当日落将至，许多穷人就围坐在准备施舍的富人家门口，支上一口大锅，开始烹饪鸡饭，其实，鸡饭里没有几块鸡肉，但对于饥肠辘辘不能保证温饱的穷人来说，日落的斋饭无疑是一种特别的享受，而伊斯兰教要求富人施舍穷人的教义已在巴基斯坦的斋月形成了一种习惯。正是由于斋月期间富人对穷人的施舍，才在很大程度上缓和了阶级矛盾。在巴基斯坦，穷人与富人之间的阶级矛盾似乎不那么尖锐，穷人反抗富人的起义在巴基斯坦建国 66 年来从未发生过。

巴基斯坦的开斋节既相当于中国的春节，也是政府机关的公休日，开斋节一般持续三天，不论城市多么繁忙，但开斋期间往往是各个大家庭聚会的日子，人们不仅走亲访友，而且往往远在海外的子女也都回来探亲。此时的宾馆、饭店往往是高朋满座，很难订上席位。公园里充满着休闲散步的人，节假日是巴基斯坦儿童最快乐的时光，最近十年，巴基斯坦儿童娱乐业发展很快，许多快餐店和公园都设置了儿童乐园。教育儿童成了巴基斯坦都市中产阶级家长的头等大事，让孩子们接受教育、远赴欧美读书也是家长引以为自豪的事，尽管巴基斯坦人对美国人充满怨恨，但他们到海外接受高等教育的首选国家依然是美国，其次是英国。

开斋节期间，也是巴基斯坦人相互赠送礼物的时节。除了开斋节，在巴基斯坦的拉合尔还有风筝节，每年 3 月，各种图样精美的风筝在拉合尔上空"展翅飞翔"，争奇斗艳。

巴基斯坦虽然没有春节，但每年春天到来，农民还是按照习俗举行庆祝活动，以祈祷一年的风调雨顺，五谷丰登。

（五）巴基斯坦的手工艺品

值得一提的是，巴基斯坦具有十分丰富多彩的刺绣艺术，巴基斯坦的木质家具、浴巾、女式鞋子、丝织品都具有浓厚的文化含量，人们习惯于把木尔坦称为巴基斯坦的女性鞋城，把金尼奥特称为巴基斯坦家具城，把海德拉巴称为巴基斯坦的丝织品城，就是因为这些地方的手工艺品不仅造型精美，而且达到了国际标准，其产品不仅具有较高的文化价值，而且远销欧美国家。

（六）现代巴基斯坦音乐、舞蹈、时尚艺术的多样化

巴基斯坦音乐带着许多南亚传统特点，在一些大型庆典活动中，巴基斯坦的民间艺人依然占据一定位置，许多民间艺人带着类似琵琶的乐器在庆典仪式上弹唱，他们并未受过正规的现代音乐教育，而是根据口头传播的方式代代相传，许多巴基斯坦人是唱民歌的高手，而且很会自我陶醉。巴基斯坦民间女歌手往往在大型庆典活动中独占鳌头，因为在一般性庆典活动中，巴基斯坦女歌手是不允许登台的，但是，在大型庆典活动中，女歌手却必不可少。

随着现代都市社会的发展，巴基斯坦音乐正在朝着巴印结合、东西结合的方向发展。首先，巴基斯坦出现了融合印度和巴基斯坦两种旁遮普音乐的现代摇滚乐；其次，巴基斯坦还出现了融合南亚传统风格和欧美现代风格的新式摇滚乐，而这种带有南亚风格的摇滚乐在巴基斯坦非常受欢迎，吉他成为巴基斯坦现代乐器的必备之物，街头巷尾，我们都能发现不少摇滚艺人，越是巴基斯坦的大城市或者特大城市，东西结合的摇滚乐影响也就越普及，甚至在最近巴基斯坦正义运动党的集会上，该政党领袖也邀请了巴基斯坦摇滚乐队助兴。虽然巴基斯坦对现代歌舞有很多限制，但对于摇滚乐的限制不多，也正因为如此，每当欧美摇滚乐团进入巴基斯坦时，往往场场爆满，聪明的巴基斯坦人在欧美摇滚乐团离开后，会很快创造出带有巴基斯坦特色的摇滚乐器，而这种带有浓重巴基斯坦和南亚特色的音乐作品被制成光盘，成为都市年轻人的抢手货。自从巴基斯坦酒店业发展后，钢琴乐师也成了抢手货，巴基斯坦的钢琴乐师十分辛苦，必须兼备西洋古典乐曲和巴基斯坦民间音乐的能力，缺一不可，所以，酒店里的钢琴乐师往往也是巴基斯坦传统乐器的大玩家。

巴基斯坦都市文化的一个重要发展就是吸纳了欧美国家的时尚艺术，每年都举办时装模特大赛，许多巴基斯坦时尚妇女还到欧美走穴，一年多次的时装模特大赛仅仅在卡拉奇的 defence 小区进行，尽管时装模特充斥了巴基斯坦所有英文报纸的附页，但时装模特业在巴基斯坦依然处于半公开状态。也就是说，传统的、伊斯兰教巴基斯坦社会对时装模特业仍未完全接受，都市巴基斯坦妇女对色彩的追求很强烈，但对暴露的西式衣着有保留，在巴基斯坦西部和北部的多数城市，时装模特似乎还不是人们热议的话题，因为那里的人还不知道时装模特业是什么。

有趣的是，巴基斯坦民间舞蹈的发展比较缓慢，这主要是对妇女舞蹈的限制，巴基斯坦舞蹈的一个明显特色是妇女舞者的动作不够舒展，究其原因，是因为如果一位女舞蹈家在舞台上动作过大，身体过于舒展，会使得一些保守人士称为诲淫诲盗。中国新疆歌舞团在巴基斯坦演出几乎是场场爆满，而

新疆歌舞往往十分舒展大方，为巴基斯坦男女老幼所称道，但要巴基斯坦女舞蹈家模仿，则需要很大的勇气，并要冒一定的风险。

（七）巴基斯坦的美食和茶道

巴基斯坦的美食是印度、土耳其、伊朗、阿富汗、海湾等国家各种美食的荟萃。巴基斯坦的烹饪师擅长烤羊腿、烤羊肉串、烤牛肉卷、烤鸡肉串和炸鱼，虽然各个地方都有自己的独特风味，但巴基斯坦烹饪蔬菜食品的特色十分明显，即把蔬菜蒸熟，或者把豆子磨成半粉末，抹上浓浓的调料汁，就着贾巴蒂、馕。

辛辣和甜品成了巴基斯坦食品的一大特色，巴基斯坦人喜欢用胡椒粉，即使菜肴已经很辣了，他们还觉得不够味，还要继续放。同样，巴基斯坦人还喜欢吃甜食，许多甜点可以用齁甜来形容。

所有巴基斯坦人都喜欢喝红茶，这种茶来自英国，巴基斯坦往往讲究牛奶、糖与红茶搅拌在一起，而且在巴基斯坦所有驿站、村落，都会有茶馆和茶亭。喝茶成了巴基斯坦人解乏的方式，也是普通人家待客的必备物。最近几年，随着中国文化在巴基斯坦的影响力逐渐加大，巴基斯坦饮绿茶的人开始增加，甚至在飞机上，乘务员也开始为巴基斯坦国人和外国人提供绿茶服务。

四　巴基斯坦维护文化多样性的举措

（一）巴基斯坦国内的措施和行动

1. 巴基斯坦维护文化多样性的措施

从维护巴基斯坦文化遗产的意义而言，巴基斯坦政府在努力保留其文化的多样性，如继续保存佛教文化、基督教文化、伊斯兰教文化、印度教文化遗产和古迹。巴基斯坦政府不允许任何人亵渎任何民族文化的墓地，尽管在日常生活中，巴基斯坦社会不乏对异族文化的偏见，甚至有个别歧视行为，但总体而言，巴基斯坦社会对异族文化遗产的保护还是尽力的。

巴基斯坦社会并未将保护文化遗产上升到国家层面，目前研究文化遗产的人数微乎其微，而文化古迹的开发和发掘大都依靠欧洲和美国考古者及研究者，巴基斯坦对本国文化遗产的研究既缺乏人才，也缺乏必要的资金和现代技术支持，因此，对巴基斯坦文化遗产的研究往往需要借助西方国家非政府组织的支持和帮助，应当说，巴基斯坦对本国文化遗产的研究人员寥寥，参与巴文化遗址保护的许多人受教育水平很低，英语沟通能力差，他们只认为自己在从事文化遗产保护工作，但这些保护工作到底有什么意义，他们也不清楚，以至于某些文化遗产的古物被盗，也没有引起太多的重视。同样，能对文化遗产的来龙去脉说清楚的人也很少，巴基斯坦缺乏对文化古迹有深刻了解、有丰厚历史文化知识的讲解员，因此，许多古迹只有碑文，没有讲解，即使勉强有人来讲解，也是浮皮潦草，避实就虚。

目前，巴基斯坦的许多文化古迹还需要借助欧美考古学家和研究者的结论来进行说明，许多解说词也仿照欧美国家，巴基斯坦本国培养自己的考古和文化研究人员的力度不大，由于国家出资不多，私人不愿捐助，因此就出现了外国人研究巴基斯坦文化，然后给巴基斯坦的文化下结论和背书的情景。

2. 巴基斯坦政府保护文化遗产的努力

巴基斯坦政府虽然没有把保护文化遗产作为文化政策的首要目标，但的确在很多方面尽心尽力。令巴基斯坦人最自豪的是，印度的多数文化古迹多伊斯兰特征，而巴基斯坦的文化古迹，很多都是古印度的，因此，巴基斯坦认为，印度的根在巴基斯坦，而印度文化的精粹也是巴基斯坦的穆斯林文化。

为了保护古迹并向世人证明，印度文化的根基来自巴基斯坦，巴基斯坦政府做出了巨大努力来保护带有印度特色的历史古迹，把它看作巴基斯坦民族自豪感的象征。在拉合尔和巴基斯坦一些古迹较多的大城市，这些带有印度特色的巴基斯坦古迹均被保存完整，而且巴基斯坦有众多研究在巴印度古迹的学者和考古工作者，愿意通过学术研究证明印度的根在巴基斯坦。

"9·11"事件的发生对巴保护文化遗产事业是一个重大打击。由于巴基斯坦的开伯尔·普赫图赫瓦省位于反恐前线，许多本应是考古资源丰富的地区沦为战区，阿富汗塔利班摧毁了巴米扬大佛，这种"榜样效应"也影响着巴基斯坦的塔利班，以法兹鲁拉为首的巴基斯坦塔利班武装盘踞在斯瓦特地区时，大量文物古迹被破坏，一些文物博物馆也因年久失修而关闭，许多博物馆的文物因得不到养护而严重损害变质。

3. 珍视民族传统

巴基斯坦政府对民族文化传统的保护还是重视的，但心有余而力不足。每年巴基斯坦的各大中城市都举行各种各样的文学艺术作品竞赛和展览，在拉合尔，还经常举办诗歌朗诵比赛、文学作品竞赛。但是，由于近年巴基斯坦宗教极端势力有所抬头，许多歌颂现代爱情题材的作品被打入"冷宫"，而充满战争气味的圣战类小说充斥书店。虽然最近两年这种趋势发生了变化，但巴基斯坦的确需要一次大的文艺复兴才能改变文学创作低迷的现状。巴基斯坦每年通过文学艺术协会和画家协会举办一些画展与文学作品展，但大部分当代巴基斯坦的文学作品在国际上的地位都不高，虽然20世纪60年代巴基斯坦的文学艺术界曾是星光灿烂。而今，由于巴基斯坦政治上缺乏稳定性，内忧外患不断，因此，巴基斯坦的文学作品数量不足，内容也相对贫乏。

虽然巴基斯坦政府每年也颁布特别奖项，奖励巴基斯坦艺术家，但这些奖项并不能对巴基斯坦的文学创作给予很大的激励。由于电视业的发展，快餐文化在巴基斯坦盛行，因此，巴基斯坦许多原来从事文学创作的人转投娱乐业，开始为质量不高的电影与电视剧做编剧。

（二）巴基斯坦在国际社会维护文化多样性的措施及面临的问题

1. 民族文化传播倾向于民间推广形式

巴基斯坦文化传播方式倾向于民间推广形式。而巴基斯坦海外移民的多数都是低层次的劳工，文化水准较低，没有形成移民文化，他们无论是欧美国家还是海湾国家都成了当地文化的附属品。实际上，在海外的巴基斯坦人很少进行文学艺术创作，许多海外巴基斯坦画家所画的画更多的是模仿西方画室的宫廷画，缺乏巴基斯坦特色。不少巴基斯坦学生开始通过学习西方油画来表现巴基斯坦的现实生活。人物写真虽然不被鼓励，但也在静悄悄地进入巴基斯坦。

2. 缺乏国际知名的英语作家使巴基斯坦文学影响力受限

目前，巴基斯坦尚无知名的、用英语写作的作家，不少人用英语撰写自己的传记，前总统穆沙拉夫、前板球明星伊姆兰·汗都是请人用英语写书，然后远销海外，但多数作品，都是先由乌尔都语写成，再翻译成英语，用英语原创的巴基斯坦文学作品微乎其微，至于巴基斯坦人创作的英语诗歌，则基本上都是海外巴基斯坦人后裔创作。

3. 巴基斯坦本土"拉莱坞"影片对巴基斯坦社会影响有限

巴基斯坦有拉莱坞电影城，拉莱坞是指在拉合尔的巴基斯坦电影城，虽然规模不大，每年生产的故事片也只有40多部，却产生了一大批电影明星。许多电影明星在巴基斯坦没有火起来，但在印度的宝莱坞和美国的好莱坞却赢得了票房价值。拉莱坞明星在巴基斯坦并非家喻户晓，因为巴基斯坦电影院很少，即使有新电影上映，能够放映电影的影院却少得可怜。由于战乱的因素，巴基斯坦许多电影院被捣毁和破坏，很多影院年久失修，目前在巴基斯坦近两亿人口中只有不到10个正规的电影院，其余的不过是录像厅改造的，设备陈旧不说，放映设备也是老掉牙的。随着电视的普及，巴基斯坦人看电视连续剧的人数远远多于看电影的人数，由于巴基斯坦电影的质量不高，所以，巴基斯坦年轻人更青睐于看印度和美国质量较高的电影。

4. 巴基斯坦英文媒体对巴文化的影响力不足

巴基斯坦有9家英文纸媒体，但巴基斯坦没有英语电视媒体，在穆沙拉夫时代，巴基斯坦曾经有过英语的"黎明电视台"和"24小时快车电视台"，然而，在巴基斯坦的英文受众人口不到5%，观看英文电视节目的主要是在巴基斯坦常住的外国人，久而久之，巴基斯坦的英文媒体因得不到商家的广告支持而被迫倒闭。

巴基斯坦目前的学术研讨会基本上依然使用英语，但在巴基斯坦居于统治地位的依然是乌尔都语和地方语言。

随着巴基斯坦对外开放的发展，巴基斯坦的英语电子媒体的恢复和发展指日可待。

结语　巴基斯坦文化多样性的启示

巴基斯坦文化是多种文化现象的结合体，巴基斯坦文化的多样性也反映出巴基斯坦历史的多样性、社会的多样性，虽然巴基斯坦有统一的国歌、国旗、国语、国徽，也有在全国执掌政权的联邦政府，但巴基斯坦文化的同一性不足，多样性十分鲜明。随着巴基斯坦经济社会的发展，巴基斯坦各族的工业界和商业界人士开始异地办厂、异地修路、异地经商、异地从军，由此带动的各民族文化融合的速度也会加快，范围在不断扩大。虽然巴基斯坦各个民族之间鲜有族际通婚，但在同一个城市、同一个村庄不同民族民众和平共处的现象已比比皆是，不论是远在巴基斯坦北部的红扎族（塔吉克族变种）、巴尔蒂族（藏族变种），还是哈扎拉族（蒙古族变种）；不论是兴都库什族（旁遮普族变种），还是克什米尔族；不论是米格拉尼族（非洲黑人变种），还是布拉灰族（俾路支族变种）都是如此。巴基斯坦五大主体民族，即两大山地民族（俾路支族和普什图族）和两大平原民族（旁遮普族和信德族），还有外来民族穆哈吉尔族，都市化进程的加快和现代生产方式的进步以及现代媒体技术的引入，使这些文化不再能保持封闭性，他们与其他民族之间虽然缺乏种族融合，但文化融合和碰撞，相互吸纳各自的生活习俗已经很普遍；先进民族不仅为落后民族带来了先进的生产方式，而且还带来了文化的新鲜内容，使巴基斯坦的文化冲破了原有的印度模式、伊斯兰教模式和西方模式，正在以全新的面貌继续前进。随着巴基斯坦的政治转型，巴基斯坦文化领域的变革也将随之到来。

巴基斯坦荣誉犯罪中的杀女原因探析

唐琳璠　宋严萍

摘　要　荣誉犯罪产生于巴基斯坦部落氏族时期并延续至今，作为侵害女性人权的极端行为今天依然在巴基斯坦盛行，其背后正是由于长久以来巴基斯坦传统与现代化之间存在着不可调和的矛盾：具体来说，是无法根除的封建经济基础上的宗法父权制，以及政治生活中宗教的长期掣肘。

关键词　荣誉犯罪　巴基斯坦　女性　父权制

20 世纪 90 年代以来，国内对伊斯兰世界女性的研究已小有成果。其中，范若兰教授在其穆斯林妇女相关研究中著有《暴力冲突中的妇女：一个性别视角的分析》[①]一书，论述了伊斯兰妇女与暴力的关系。但有关荣誉犯罪的研究国内尚未有系统的研究成果，专门论述荣誉犯罪的仅周玉佳《从荣誉谋杀看巴基斯坦妇女的"他者"地位》[②]一篇，作者主要通过分析巴基斯坦社会父权统治思想的根源，论证巴基斯坦妇女在"男优女劣"等级制社会中的"他者"地位。相比较而言，众多国外学者已经从法律、社会学、人类学等各个角度对荣誉犯罪进行了探讨。巴蒂等从部落文化习俗、父权制出发，阐述了荣誉犯罪为什么发生[③]；卡里尔和谢赫则认为，荣誉谋杀是一种巴基斯坦政府政治控制的工具[④]；穆罕默德等从宗教角度释析了《古兰经》文中反

　　[作者简介]　唐琳璠，江苏师范大学历史文化与旅游学院、江苏师范大学巴基斯坦研究中心 2012 级硕士研究生；宋严萍，江苏师范大学历史文化与旅游学院教授，江苏师范大学巴基斯坦研究中心兼职研究员。本文已发表在《中华女子学院学报》2015 年第 1 期。

①　范若兰：《暴力冲突中的妇女：一个性别视角的分析》，时事出版社 2013 年版。

②　周玉佳：《从荣誉谋杀看巴基斯坦妇女的"他者"地位》，《南亚季刊研究》2011 年第 1 期。

③　Bhatti et al. , Domestic Violence Against Women：A Case Study of District Jacobabad, Sindh Pakistan [J]. *Asian Social Science*, 2011 (12) .

④　Khalil, Sheikh, Political Manipulation in Human Rights Violations：A Case of Honour Killings in Balochistan, Pakistan Pakistaniaat [J] . *A Journal of Pakistan Studies*, 2010 (2) .

对荣誉之名的谋杀①；侯赛因主张巴基斯坦应推动针对妇女暴力的立法进程。② 本文试图从巴基斯坦传统习俗与现代化之间的冲突以及伊斯兰法与现代法律之间的不可调和性出发，分析传统社会价值观对巴基斯坦女性地位产生的影响，论述巴基斯坦荣誉犯罪高发的原因。

一　荣誉犯罪的历史

荣誉犯罪（Crimes of Honor）是指犯罪人以个人或家族荣誉受侵害为由使用暴力或强暴手段威胁他人人身安全并造成严重后果的攻击型犯罪。此类案件多发于地中海、南亚、拉美和一些特定的穆斯林社会，犯罪人通常是大家族中的男性成员。他们以维护自身或者家族荣誉为名，对被怀疑做出有违宗教文化的女性，特别是对不贞洁的女性实施暴力。一旦女性被认定有诸如与他人通奸、拒绝与家族指定的男子结婚等"玷污"家族荣誉的行为，其父亲、丈夫或者兄弟就会动用荣誉谋杀（Honor Killing）③、人身攻击、监禁和关押等手段致其伤残甚至死亡，以挽回家族荣誉。这种犯罪行为一般得到家族全体成员的认可（包括其他女性成员），而在共同的传统文化价值观下犯罪人也很少受到法律制裁。

巴基斯坦的荣誉犯罪起源于部落氏族时期。一般认为，这种荣誉犯罪的传统来自俾路支部落，并随着其部落的迁移又扩散到其他地区。④ 在西北边境省的帕坦人和俾路支人都有关于荣誉犯罪的记载，其中，俾路支人的文献中明确提到了荣誉谋杀这个习俗。这一时期，巴基斯坦女性的贞洁已然与家族荣誉休戚相关，但较之现在，当时更重视的是已婚妇女对其家庭的忠诚度。同时，对男女通奸指控的定罪，通常仅在一个男人和一个女人被抓现行的时候才会被诛杀；如果他们中之一，尤其是男性得以逃脱，不同部落又会按不同方式处理。一些地方文献还提到，理论上一个不忠的妻子当场被抓应当被诛杀，但现实中往往是通过现金补偿或者与同犯男性进行交换婚姻来解决问题。如果男女双方都被诛杀，那就不再赔偿；但如果两者均逃脱，那么做丈夫的一方必须提出离婚。还有其他类似的记载表明，被怀疑或已经证实通奸的离婚妇女禁止再与通奸的男性结婚。⑤ 总之，这一时期，家族对于女性贞

---

① Muhammad et al. , Honour Killing in Pakistan: An Islamic Perspective [J] . *Asian Social Science*, 2012 (10) .

② Hussain, Take My Riches, Give Me Justice: A Contextual Analysis of Pakistan's Honour Crimes Legislation [J] . *Harvard Journal of Law & Gender*, 2006 (1) .

③ Lynn Welchman, Sara Hossain, "*Honour*" *Crimes*, *Paradigms and Violence Against Women* [M]. London & New York: Zed Books, 2005.

④ Ibid. .

⑤ 根据帕特尔（Patel, 1991）解释，伊斯兰宗教委员会对"Qisas"的定义是执行同程度的伤害作为惩罚。

洁的限制较之现在并不是十分严苛，对玷污荣誉的惩罚也不只针对女性，且量刑的标准更看重事实证据。

到公元 8 世纪前伊斯兰时期，阿拉伯人占领了信德地区，这些早期殖民者带来了贝都因人①活埋女婴等贬低女性身份的文化习俗并吸收了罗马王朝时期牢固的家长制的传统，这也使女性在社会生活中屈从地位的观念逐渐深入。伊斯兰教创立之后，自阿拔斯王朝制定了统一的《伊斯兰教法》即沙里亚，该教法在原有的《古兰经》基础上重新引入阿拉伯人时期的习惯法，制定限制妇女行为的措施来控制她们的生活。当时的一些穆斯林神学家也著书立说以强化这一观念，即女性的性欲对社会是危险的。因此，他们为其能够控制女性性欲的几种方式进行辩护，并在这一过程中提供了采取控制妇女行为之法律的基本原则。戴面纱和人身隔离制度被写入法令，同时沙里亚对任何形式的越轨行为制定了可怕的惩罚措施。女性身体的纯洁已经成为家族荣誉的反映。所以，从阿拔斯王朝开始，提升家族荣誉的重担主要转移到妇女身上。② 如此一来，本土的荣誉犯罪文化在阿拉伯人的影响下趋于强化，女性的屈从地位也暗藏在文化习俗共识之下。这样的性别规范根深于巴基斯坦的社会心理中，导致荣誉犯罪在地方部落封建社会结构中得以保留。

如今，由荣誉引发的暴力问题在世界各地均有发生，但巴基斯坦却是荣誉犯罪发生率最高的地区。根据 2000 年联合国人权机构数据，全世界每年至少有 5000 名女性受到荣誉犯罪的加害。③ 许多学者以及中东和南亚的妇女组织都对此持怀疑态度，他们认为，受害者的数目至少是这个数字的 4 倍。④例如，在巴基斯坦的许多偏远或者地方势力强大的地区，荣誉犯罪一旦发生，许多社区组织为防止司法当局干预这样的习俗都会极力掩盖施暴者的罪行。而根据奥瑞特基金会（Aurat Foundation）的数据，2008 年巴基斯坦因"荣誉"而遭到杀害的妇女就有 475 名，2009 年有 604 名，2010 年有 557 名。⑤巴基斯坦人权维权委员会（HRCP）统计的报刊数据也显示，在巴基斯坦，平均每年因荣誉犯罪被伤害的女性就有 1000 名之多。⑥ 这些统计并不完整，因为许多荣誉犯罪事件未能公开，特别是隐藏在一些家族中的秘密裁决更不易被人知晓。其中以旁遮普省、西北边境省、俾路支斯坦和信德为代表的四

---

① 伊斯兰教兴起前，贝都因人是阿拉伯半岛部落氏族社会的主要组成部分。其部落特点即是族长制、父系社会、族内婚和一夫多妻家庭。

② 凯瑟琳·克莱：《世界妇女史》（上卷），裔昭印、张凯译，格致出版社 2012 年版。

③ United Nations Population Fund, The State of the World's Population, Chapter 3. http：//web. unfpa. org/swp/2000.

④ Fisk, R. , The crime wave that shames the world. The Independent, 2010.

⑤ Maliha Zia Lari, "Honour Killings" in Pakistan and Compliance of Law ［M］. Aurat Foundation and Information Service Foundation, 2011.

⑥ HRCP, State of Human Rights in 2012. http：//hrcp－web. org/hrcpweb/wp－content/pdf/AR2012. pdf.

个地区荣誉犯罪发生率最高，这种荣誉犯罪的传统更在当地的本土文化中被赋予专有定义。最广为人知的是信德地区，称其为 karo - kari，直译为"黑男人"和"黑女人"，喻指犯有婚前或婚外性行为的男女。① 对于被指控为黑女人的女性，男性家族成员可以通过诛杀女性以恢复家族荣誉；如若男性被指控为黑男人，他却可以以金钱或其他的补偿方式取得荣誉受损家族的宽恕。荣誉犯罪发展到今天，较之部落氏族及封建王朝时期，其背后的意义不再仅仅是为了惩罚有损家族荣誉的女性，更多地演变为部落家庭之间复仇的工具，而女性极有可能只是阴谋的牺牲品。与此同时，借"荣誉"的名义来谋取经济利益的犯罪事实更是层出不穷。有资料显示，在信德越是贫困的地区荣誉犯罪的发生率越高。因为一旦这些家庭无以维持生计，没有经济能力的女性成员无疑就加重了家庭中的经济负担。这时，家族中的男性成员只要宣称该女性和其他男性通奸给家族蒙羞便可将其诛杀，从而获得其遗产，并且被他们指认为奸夫的人也要支付一定的补偿金。这样，荣誉犯罪就为迅速获取财富和土地提供了便利。同样，出于经济利益，家族中的男性成员会要求女性接受指派的族内婚姻或者阻止寡妇和离婚妇女再嫁，拒绝服从的女性也会因损害家族"荣誉"而被诛杀，这也是为了保证家族的财产不被转移到另一个家族中。

从巴基斯坦荣誉犯罪发展的历程看，随着现代国家的建立，这一传统陋习却从未销声匿迹，巴基斯坦统治阶级到普通民众的人权意识并非与国际社会的人权观念并行，相关立法和惩处的条文在实际审判中并没有对荣誉犯罪产生有效的制约。事实上，世俗与宗教、现代化与传统之间的较量在巴基斯坦历史上一直存在。

二　荣誉犯罪与巴基斯坦现代法律

印巴分制之前的殖民期间，巴基斯坦沿袭了英国的法律体系，对人身权利的保护既以国际人权法为基础，也以习惯法为基础，其审判制度是在 1857 年印度独立战争之后效仿英国建立起来的。1860 年英国刑法引进了谦抑原则②，

---

① Sujay Patel, Amin Muhammad Gadit, Karo - Kari: A Form of Honour Killing in Pakistan [J]. *Transcultural Psychiatry*, 2008 (4).

② 谦抑即缩减或者压缩。刑法中的谦抑原则，指的是立法者应当力求以最小的支出，少用甚至不用刑罚（而用其他刑罚替代措施）获取最大的社会效益，从而有效地预防和控制犯罪。换言之，凡是适用其他法律足以抑制某种违法行为，足以保护合法权益时，就不要将其规定为犯罪；凡是适用较轻的制裁方法就足以抑制某种犯罪行为，足以保护合法权益时，就不要规定较重的制裁方法。实现刑法的谦抑性包括两种情形：一是刑罚无效果。也就是说，假如某种行为设定为犯罪行为后，仍然不能达到预防与控制该项犯罪行为的效果，则该项立法无可行性。二是可以他法替代。如果某项刑法规范的禁止性内容，可以用民事、商事、经济或其他行政处分手段来有效控制和防范，则该项刑事立法可谓无必要性。英国哲学家边沁有一句名言，称"温和的法律能使一个民族的生活方式具有人性；政府的精神会在公民中间得到尊重"。这句话可谓刑法所以要奉行"谦抑"原则的法哲学基本理论。

其贞操、诱骗和诱奸的相关概念作为集体荣誉框架，从这里便可看出，这些法律主要维护的是国家、宗教团体和家族集团的利益而不是为了保护女性个人权益。在实际法庭审判中，女性是性行为受控制的被动的客体，为防止被家族之外的男性侵犯，保护女性的贞洁是如同保护私人财产一样重要的，女性在刑法中是不具备独立行事能力的个人，需要由其保护者替她们做决定。

1947 年巴基斯坦独立后，法庭继续给予男性以荣誉的名义诛杀其妻子的权力，并且他们可以从中获得赔偿。但刑法中谋杀和伤害的定罪又直接关系到荣誉犯罪的指控和审判，这便有违宗教教义所规定的社会秩序，因此，有关法律是否要伊斯兰化的争论愈演愈烈。尽管巴基斯坦已从古代社会过渡到现代国家，也建立了较为完善的宪政体系，其宪法中的诸多条款都强调男女地位平等化，如第二十五条规定，"法律面前人人平等，每个人都有权受到法律的保护"。① 第二十七条明确提到了公民的权力"不应有性别歧视"。② 但荣誉犯罪这种传统文化中的陋习却得以保留，不难看出，巴基斯坦社会立法与实践之间存在较大的差距。一些固有的意识形态，如父权制家族统治的部落准则、伊斯兰的宗教禁忌、印度时期巴基斯坦审判的传统、习俗等都会影响到立法实践。最终，至 20 世纪 70 年代社会伊斯兰化运动之后，沙里亚成为巴基斯坦最高法。这就促使了《同态复仇和血亲法》（Qisas and Diyat）的出台。这部法律进一步强化了传统习俗和宗教对立法实践的影响。1999 年的萨米亚萨瓦案③中已见对荣誉犯罪案件判决的执行向伊斯兰教法妥协的趋势。但萨米亚萨瓦案引起了国内和国际人权组织的高度关注，西方文明世界的各类人权团体发起了要求巴基斯坦实施宪政改革以抵制荣誉犯罪的活动。2004 年 12 月，迫于国内外舆论的压力，巴基斯坦政府正式颁布了 2004 年《刑法修正案》，由此在法律上明确定义了借荣誉名义犯罪的类型并最终通过了判定荣誉犯罪——特别是荣誉谋杀不合法的条例，并明确提出死刑的惩罚。这是自 1860 年的巴基斯坦《刑法法典》和 1898 年的《刑事诉讼法》之后做

---

① National Assembly of Pakistan, The Constitution of the Islamic Republic of Pakistan, 2012. http: // na. gov. pk.

② Ibid. .

③ 萨米亚萨瓦嫁给了她做药剂师的堂兄，根据她的律师阿斯马贾汗吉尔陈述，萨米亚的丈夫经常鞭打和折磨萨米亚，当萨米亚怀上第二个孩子的时候，丈夫把她扔下楼梯。忍无可忍的萨米亚回到娘家请求她父母准许她离婚，但萨米亚的父母认为，离婚有损家族荣誉，因而威胁萨米亚如果她向法庭提出离婚将会受到诛杀。之后的五年，萨米亚不得不在父母的囚禁下生活，直到 1999 年 3 月她才找到机会逃出。萨米亚来到拉哈尔向法律事务所寻求法律援助。调解期间，她拒绝与男性亲属接触，但同意会见为其递交离婚文件的母亲。会面那天，她的母亲由两名男性亲属陪同到场，律师希纳吉纳尼便要求除她母亲之外的人离开，这时其中一名男子即萨米亚的叔叔掏出枪射向萨米亚和希纳吉纳尼。萨米亚当场死亡，希纳吉纳尼律师侥幸逃脱。风波之后，其父亲宣称这符合宗教和习俗，他指责律师是误导女性的异教徒。根据《同态复仇和血亲法》规定，允许受害人的继承者原谅杀人者，于是她的母亲和叔叔便逃脱了惩罚。

出的最大改变。但是，到 2005 年 3 月，巴基斯坦政府联合敌对的保守伊斯兰党派拒绝通过加强法律反对荣誉谋杀的法案。最终，在 2006 年 11 月，新的《女性保护法案》勉强出台取代了之前带有歧视女性性质的《胡杜德法案》。

2004 年的刑法修正案最重要的意义在于将荣誉犯罪的定义写进了法律，并且规定，法院依照伊斯兰法判决的形式将不再适用于以荣誉为借口的谋杀。但法律颁布后其效用究竟有多大，有关媒体对巴基斯坦针对女性暴力案件发生率做了统计（见表 1）。

表 1   巴基斯坦针对女性的暴力案件数据和比例
（2008 年 1 月至 2010 年 12 月）

犯罪名录	2008 年		2009 年		2010 年		总数
	件数	比例（%）	件数	比例（%）	件数	比例（%）	
诱拐或绑架	1784	29	1987	33	2236	27.95	6007
谋杀	1422	33	1384	32	1436	17.95	4242
家庭暴力	281	20.36	608	44.05	486	6.075	1375
自杀	599	31.21	683	35.59	633	7.9125	1915
荣誉谋杀	475	28.98	604	36.85	557	6.9625	1636
强奸或轮奸	778	29.43	928	35.11	928	11.6	2634
性暴力	172	30.28	274	48.23	74	0.925	520
投毒	29	24.57	53	44.91	32	0.4	114
纵火	61	39.61	50	32.46	38	0.475	149
综合性犯罪	1970	35	1977	36	1580	19.75	5527
总数	7571		8548		8000		24119
比例（%）	31.10		35.10		33.17		100

从表 1 中犯罪趋向数据分析可以看出，在巴基斯坦针对妇女的暴力案件并没有呈现出下降的趋势。荣誉谋杀的案件在 2004 年的刑法修正案后并未得到缓解。

更重要的是，司法部门对荣誉犯罪的态度，其倾向性并没有得到修正。在实际生活中，社会文化模式和封建观念大部分仍未改变：在大多数巴基斯坦民众看来，荣誉犯罪案件中的犯罪人是有理由的，应当得到法庭的宽恕。这就导致了现实中犯罪人很少会被送往法庭接受审判，有数据表明，仅有

20%的荣誉谋杀的案件会被归案受审。[①] 送上法庭的案件经常由于性别歧视，对男性总会采取宽大处理甚至免于受罚。同时，由于荣誉犯罪是一项报复性犯罪，法官有权允许受害者家属接受犯案者简单的道歉、金钱、土地或者另一名女性作为补偿。毫无疑问，这些因素使犯案者可以轻易逃脱严厉的惩罚。

一个世纪以来，在现代立法和传统文化的斗争中，传统习俗与其固有的社会文化价值观一直占据着上风。一方面，巴基斯坦作为一个以宗教立国的伊斯兰国家，其宗教信仰是巴基斯坦各民族凝聚起来的精神旗帜，现代国家的法治观念也缺乏群众基础。另一方面，从社会结构来看，女性早已被父权制家族统治的社会结构和传统文化价值观定在了从属地位，根植于当地传统文化中的父权制的价值观预先决定了性别的社会价值，在父权制结构下，性别已然成为巴基斯坦组织原则之一。

三　巴基斯坦荣誉犯罪高发的原因

巴基斯坦地区曾长期处于英国殖民统治之下，独立后建立起一套仿效英国的政治体制，但巴基斯坦自身缺少现代国家传统，西方文化仅仅局限于少数上层精英，广大下层民众仍然以伊斯兰教为主要生活方式，并且团结在宗教周围。下层民众对家族部落的忠诚甚至超过国家，因为他们只有依附本部落、家族势力，才可获得经济和安全保障，所以，巴基斯坦仍然是一个民主外衣下的宗法制社会，部落和家族是其行政单位的基础。由此，荣誉犯罪深受巴基斯坦传统文化和社会价值观的影响，主要体现在以下四个方面：

第一，巴基斯坦众多地方部落一直遵循父权政治的统治以维护男性的权威。这种父权制家庭的主要特征就是把许多人，包括自由民与奴隶，在父权之下组织成一个家族，其目的在于占有土地、放牧牛羊。[②] 这就使支配其成员和财产的权力十分重要。在这样的父权制家族模式的主导下，荣誉作为男性的自尊、家族尊严和社会声望的体现，更是男性的特权，这种"荣誉"需要依靠"他者"和"他者行为"，即其他人的行为成为自我评价和社会认同的一个关键的组成部分[③]，在父权制家庭中，男性毋庸置疑占据着主导地位，因而控制代表这些"荣誉"的"他者"和"他者行为"就理所应当地成了男性的使命，而这个"他者"非常重要的部分便是家族中的女性成员。少女

---

① Noor Akbar Khalil, Honor Killing in Pakistan: The Case of 5 Women Buried Alive [J/OL]. 2010. http://www. humiliationstudies. org.

② ［美］路易丝·亨利·摩尔根：《古代社会》，杨东莼、马雍、马巨译，商务印书馆 2011 年版。

③ Amir H. Jafri, *Honour Killing Dilemma*, *Ritual*, *Understanding* [M]. Karachi: Oxford University Press, 2008.

结婚时必须是处女、婚后也必须保持贞洁，因为这所牵涉的不仅是个人的品德问题或信守诺言的问题，而且涉及其娘家与夫家的共同荣誉。她的弟兄或有血缘关系的男性，她最近的亲属，每个人对此都负有责任。如果有了过失，丈夫或丈夫的家人是要向这些人去投诉并要求赔偿的。[①] 忠诚和婚姻对于丈夫和妻子来说无关紧要，但关系到整个家族，一旦家族中的女性被怀疑有不忠诚的行为，即使未被证明，也会影响到整个家族的荣誉。

　　在巴基斯坦许多地区，特别是在信德地区，封建部落以及父权制的统治使女性是物品的观念深深植入生活的方方面面。风俗传统经常传达出这样的观念，即女性作为一种物品，是可以被买卖、交换伤害和杀害的方式作为给敌人的赔偿金以解决争端的。在他们看来，女性生来就是一种负担，她的价值主要是生育能力和性满足的工具。女性没有自己的身份，她们被认为是母亲、女儿和姊妹从来不是一个独立的个体。她们被看作是一个物品，从一个男人（父亲）手中递交到另一个男人（丈夫）手中。因此，这件物品必须被保护起来以确保完好无缺地交给她的接受者。这就导致在一个家族中的男性必须严格限制女性的活动范围、她们的行为以及她们的活动以确保她们不给家族蒙羞。在南亚地区，更是有句谚语 zan, zar, zameen（女人、财富和土地)[②]，这就逐渐使人们相信男性的荣誉是和这三样东西紧密相连的。男性作为她们的所有者，有权决定自己财产的命运。在这里，女性和金钱、土地一样，都被认为是男性的财产，她们同金钱和土地一道作为代表物，是男性和家族的"荣誉储藏库"。而生育能力和性欲望的对象作为一个女人唯一的资产，进一步巩固了控制女性的需要。女性身体贞洁的重要性使任何试图摆脱控制的行为都挑战了其所有者的权威。因为女性的身体贞洁在与"荣誉"绑定的社会中代表家族的"象征资本"。女性失去贞洁就如同男性的财产被掠夺一样，荣誉被玷污的男性才是真正的受害者，而为了恢复失去的荣誉，必须通过一种公开的方式，以一种与损害荣誉程度旗鼓相当的惩罚来挽回荣誉。因此，一旦有女性的行为被怀疑或者认定危害了父权制的家族统治，她便会受到惩罚乃至被处死。正如有学者所说：女人，在结婚之前，作为女儿代表着她父亲的荣誉，作为姊妹代表着她兄弟的荣誉，作为情人代表着她爱人的荣誉。而在婚后，作为妻子，她又象征着她的丈夫、她的公公和其儿子的荣誉。为了保证这些关系中的荣誉，一个女人只有不断地牺牲自己。有时为了她的丈夫牺牲自己，有时又为家族奉献出自己。最终她代表着她的家庭、她的部落、她的国家的荣誉，她的身体被认为是家庭荣誉的存储库。因此，当

---

　　① ［法］安·比尔基埃等主编：《家庭史（第一卷）：遥远的世界，古老的世界》下册，袁树仁等译，生活·读书·新知三联书店 1998 年版。

　　② Sadiq Bhanbhro, Karo Kari – The Murder of Honour in Sindh：An Ethnographic Study ［J］. *International Journal of Asian Social Science*, 2013（7）.

男性群体厮杀的时候，她也顺理成章地成为男性荣誉祭坛上的牺牲品。当提及牺牲需求的时候，不分宗教派别和团体。女性是荣誉的象征这个理念让她们仅仅是现实的血肉之躯的女性消失的标志。

第二，巴基斯坦许多地区的部落制度未曾消失。部落作为巴基斯坦人生产生活的基本单位，其首领萨尔达在部落的日常生活中有着巨大的影响力。在古代社会，萨尔达作为部落的中心和象征，维持着部落的团结，是部落生存的基础。随着历史的发展，萨尔达成为世袭的首领控制着部落资源，因此，萨尔达也在吉尔加制度中起着至关重要的作用。吉尔加作为部落的法庭，是部落解决纠纷和进行裁决的场所，其裁决均按照传统习俗以及裁判者即部落首领对伊斯兰教义的理解进行，是为大家能接受的结果。英国殖民地时期给予了吉尔加制度以法律地位，以增加殖民政府的干预。独立后，皇家吉尔加消失了，但地方上的吉尔加制度做出适当改变后保留了下来，政府仍然将一些没有确证的案件交给吉尔加处理。这就使在巴基斯坦许多地区，地方势力远远超过政府的管辖范围。

第三，以封建制度为基础的土地私有制在巴基斯坦依然存在，特别是在信德等地区，虽然封建主不再有自己的私人军队和独立赋税制度，但他们依然占有大片土地和私人护卫以及来自部落的完全依附他们的农民、佃户、劳动力。作为回报，这些封建主会对他们在社会、经济、政治及人身安全上给予荫庇。这就给社会价值观的塑造起到了巨大的作用，特别是信德的上层社会，他们对普通人生活的各个方面都产生直接影响。他们控制着政府机构，诸如警察、法院、医疗和教育等，制定有利于自身利益的政策。而在家族统治的社会结构中，这些封建主同时也是家族领袖，为加强权力的控制，需要明确其家族成员的归属、社会边界和内部忠诚以确保其家族血脉的延续和财产的继承，因为父权制的确立就是在财产开始大量产生之后，为了满足将财产传后代的愿望，因此，在父权制家族统治的社会中，能够控制他的妻子、女儿和姐妹的性行为是值得尊重的事，如果他不能保护自己家族中的女性继承人的纯洁，就不能保护父权制家庭的家族财产，强制性的婚姻政策也是为了确保家族财产仍在自己的掌控之中。所以，当地封建领主的态度，也是巴基斯坦荣誉犯罪高发的重要原因之一。

第四，以伊斯兰为主要生活方式的巴基斯坦民众，穆斯林的社会规范中也处处体现着女性受男性掣肘。伊斯兰的宗教学者在《古兰经》经文中找到了丈夫允许使用暴力的证据：

男人是维护妇女的，因为真主使他们比她们更优越，又因为他们所费的财产。贤淑的女子是服从的，是借助真主的保佑而保守隐微的。你们怕执拗的妇女，你们可以劝诫她们，可以和她们同床异梦，可以打她们，如果她们服从你们，那么，你们不要再想法欺负她们。真主确实是至尊的，确实是至大的。①

正如教义中提到的男性对女性的保护是天性，男性是家庭中经济支柱，而女性无须从事社会性的生产，只需服从，只需完成人类自身的生产活动即繁衍后代。这样，女性始终不能走出家庭，不会有主体意识的觉醒。她们没有机会接受教育，只能被动地接受伊斯兰教义中男女观念的教化。许多对巴基斯坦众多荣誉犯罪受害女性的调查中显示，她们中绝大多数不会因为遭受荣誉犯罪的虐待而离开她们的丈夫，因为她们坚信离开她丈夫后反而会背上离婚的污名，且脱离男人的保护以及缺乏经济来源的生活会更加绝望。

在这样一个社会结构下，一方面，如果男性玷污了家族的荣誉，他可以逃离至其他国家或者其他家族中的朋友那儿避难。而女性没有求救的对象和条件；由于根深蒂固的父权体制，她们的自由、财产和生命都被家族中的男性操控。另一方面，与男性相比，在玷污家族荣誉的事情上，女性更容易被指责。因为在这样的社会结构中，杀死其他家族中的男性可能引发家族之间的斗争，同时长久以来的宗教观念使他们认为男性总是比女性正直。诸如此类的宗教传统和观念渗透到巴基斯坦生活的方方面面，即便是现代制度中的司法机关也不可避免地忽略女性的人权。法官在审判时也无法避免自己对女性的偏见，这就加深了现代法律中对女性歧视的原则。法官在法庭上利用法律和伊斯兰例法中相矛盾的部分编纂出更符合父权制社会传统的解释，女性事实上被排除在现代法律之外。正如福柯提到的：法律和法庭的执行存在巨大的偏差，即使是那些受过现代法律教化的律师法官以及专家都难抵制传统文化对他们的影响。家族内部或者某些部落中针对女性的暴力和谋杀，无论在道德还是法律的范围内都视为合乎常理的行为。人们更愿意相信，女性不正当的性行为使男性荣誉受辱，这样，对男性权威的蔑视更应该受到惩罚，长久以来，巴基斯坦国家的现代性受制于社会传统才会导致立法与实践之间的脱节，这也就必然使得荣誉犯罪即使有现代法律的制裁但仍然猖獗。

荣誉犯罪是剥夺女性生命的极端行为，但因其动机与巴基斯坦社会和宗教教义默认的价值观一致，犯罪人反而被视为正统宗教制度和社会秩序的守卫者，从而受到家族成员乃至整个社会的支持而免受惩罚；也正是伊斯兰宗教教义和巴基斯坦的社会传统的结合，赋予了荣誉犯罪神圣的使命，使其变换成一种巴基斯坦社会价值观之下"正义"的行为，因而得以在巴基斯坦盛行。

---

① 马坚译：《古兰经》，中国社会科学出版社1985年版。

注释

[1] Honor Killing 在众多中文新闻报道和著书立说中被翻译成"荣誉谋杀",是荣誉犯罪中最常见的形式。但根据巴基斯坦希尔卡特加赫妇女资源中心(Shirkat Gah - Women's Resource Centre) 的报告,认为当一个男性认定一名女性不贞洁而将其诛杀是杀但不是谋杀。参见 Maliha Zia Lari, "Honour Killings" in Pakistan and Compliance of Law [M]. Aurat Foundation and Information Service Foundation, 2011, p. 17。

[2] 这些条款的记载来源于英国殖民期间,当地行政官会收集编纂一些有关当地地理、历史、气候、人口、部落传统习俗、当地的大家族等信息的资料以作为管理指南。

[3] 根据帕特尔 (1991) 的解释,伊斯兰宗教委员会对"Diyat"的定义是给死者家属抚恤金以补偿,是法庭判给受害者的继承者的。

中巴经济、科技、教育、文化全面合作的战略考量及其实现途径

孙红旗

　　长期以来，中国与巴基斯坦两国业已形成了有"全天候"、"全方位"特点的战略合作伙伴关系。然而，这两个"全"字还没有做到名副其实。一定程度上说，这两个"全"还只能概括中国与巴基斯坦两国的政治、军事关系，还远不涉及经济、科学技术、教育与文化方面的合作。我担心这会给中巴关系的健康与可持续发展带来负面影响。所以，我们应该各尽所能让这两个"全"字真正做到名副其实。

　　第一，中国与巴基斯坦的经济关系还不够紧密。2009 年，中国与巴基斯坦签订了一份自由贸易协定，巴基斯坦是中国在南亚的第二大贸易伙伴，而中国是对巴基斯坦投资最多的国家。2012 年，两国贸易总额达到 120 亿美元，但这个数字并不让人满意。而且，贸易失衡，巴基斯坦完全处于贸易逆差。我们发现，巴中贸易额仅相当于中印贸易额的 1/10，中韩贸易额的 1/20，但是，中国和这两个国家并不存在"全天候"与"全方位"的关系。诚然，由于巴基斯坦和整个南亚地区的安全环境，很多因素制约了两国贸易。就地缘政治学与经济地理学而言，巴基斯坦与中国是联系在一起的。必须进一步探索两国间的经济、贸易关系，事实上，实现这一目标的方法还是很多的。两国都不遗余力地提升双方的友好关系，巴基斯坦实现了换届选举，谢里夫政府擅长发展经济，并且自美国在 2014 年从阿富汗撤军以来，巴基斯坦国内外安全形势将得到改善。因为上述及其他原因，积极因素正在取代消极因素，越来越能看见两国经济与贸易合作的潜力，形势令人激动。中国总理李克强访问巴基斯坦时，提出了"中巴经济走廊"的规划，这一规划曾是巴基斯坦方面梦寐以求的，如今，这一规划正在不断细化，即将付诸实施。对于这一规划，笔者有几点建议：

　　[作者简介] 孙红旗，教授，历史学博士。现为江苏师范大学巴基斯坦研究中心主任。本文为孙红旗教授在首届"中国—巴基斯坦智库年会"（Pak – China Joint Think Tank Seminar）的发言，原文为英文。

（1）应当以区域经济一体化视角看待该规划。巴基斯坦在中国的远西，而中国在巴基斯坦的远东，巴基斯坦完全有理由参与到与己相关的中国的西部大开发活动中去。同时，中国也完全有理由通过和自己有关的经济走廊帮助巴基斯坦发展。

（2）依据市场准则，充分利用自由贸易协定与本币互换协定，为促进双方经济互动、互利共赢奠定基础。

（3）目前帮助巴基斯坦关键是要帮助巴人民解决能源生产与供应问题。

（4）向中国的开发区和经济开放区取经。旁遮普地区可以做一个理想的试验区。

（5）沿港口和铁路线稳步建造基础设施。

（6）中国应努力帮助巴基斯坦主动开拓中国市场，从而减少巴方的贸易逆差，以求达到贸易平衡。

（7）让中国的官方以外的资本和社会力量参与到经济走廊的建设中，像浙江、江苏、广东这样的省份有充沛的资金可以投入，而大学、其他高等教育机构和智库也有着丰富的知识资源可以使用。

第二，尽管中国与巴基斯坦之间的科学技术交流与合作非常有效，但范围和领域多局限于军事工业及相关工业，忽略了其他产业与民生方面。两国可以携手开发喷气式战斗机，却还不能携手开发拖拉机、牵引机，你们可能知道徐工集团，这是一家生产起重机、挖掘机等重型机械的公司，这家公司来自江苏省徐州市，我也来自那里。可是，这家公司却没有和同样生产重型机械的巴基斯坦塔克西拉公司开展合作。中国与巴基斯坦两国政府签订了一系列科学技术合作的协定，可是这些协定没有完全落实。很多大学和研究机构的人员甚至不知道这些协议的细节，不知道如何利用这些协定。

第三，中国有句谚语"国之交在于民相亲"，中国与巴基斯坦两国之间的民间交往本应该也完全可以做得更多。中巴之间政治关系的稳固有赖于两国人民的联系，但事实上，两国人民尤其是年轻人缺少进行面对面、跨越文化交流的机会。中国人民与巴基斯坦人民有着悠久的直接交往的历史，但这样的交往多局限在两国高层。当两国政府追求更多的政治红利时，两国年轻人之间的关系却相对式微了。与科技合作协议相类似，两国政府每年也都制订了详细的人员交流协议，但是，其中的问题几乎一模一样，这些协议未被完全落实。巴基斯坦有两亿人口，但 2012 年只有 8 万—10 万的巴基斯坦人前往中国。中国的另一个邻国哈萨克斯坦，人口只有巴基斯坦的 1/10，去年有 18 万—20 万人来华旅游、学习、经商。实际上，将会有越来越多的巴基斯坦人来华学习语言和其他课程，伊斯兰堡与卡拉奇的孔子学院现在无法满足年轻人的需求。当我们出席中巴商业论坛，我们接触到了许多巴基斯坦年轻人，最打动我们的不是他们对中国产品的兴趣，而是他们的咨询，咨询如何获得来中国学习的机会。这也让我们意识到如果我们不能更多地关注两国年轻人之间的交往，那么年青一代就没办法感受到巴中友谊，巴中友谊就只会留在老一辈的记忆中。没有人与人之间的联系，经济和贸易关系就不会稳定。中国的大学和高校需要提高招收巴基斯坦留学生的比例，同时鼓励学生选择巴基斯坦作为海外留学国家。长远来看，加强教育方面的交流，并鼓励年轻人学习对方文化就等于培养未来的政治互信和培育将来的经济市场。既然我们已经意识到问题在哪儿，那么，下一步就要创造更多的机会，搭建更多的平台，让两国人民之间的交流常态化。今天，我们聚集在此探讨 10 个智库之间的合作。这件事本身对于未来的跨文化交流意义重大。我相信，在不远的将来，两国屏幕前的网民尤其是意见领袖们会走出各自的虚拟世界，到一个现实中的公共场所中去，敞开心扉，以诚相待。

总之，中国与巴基斯坦之间高水平的政治互信有赖于两国全方位合作。在此基础之上，中国和巴基斯坦应该且能够进一步深化经济、科学技术与文化方面的合作，让"全天候"与"全方位"的精神更好地落实。到那时，我们也许可以称中巴关系"十全十美"。

中巴经济走廊
——谢里夫经济外交的突破口

曾渝杰

摘　要　2013 年 5 月，巴基斯坦举行国民议会选举，谢里夫领导的穆斯林联盟谢里夫派获胜，取代人民党成为下一届执政党。此次大选，人民党遭到惨败的很大原因在于，在其执政的五年时间内，在经济建设方面乏善可陈。相反，谢里夫领导的穆盟（谢派）在旁遮普省执政的五年时间里，经济建设取得了较为明显的成就。所以，巴基斯坦选民期望谢里夫能将在旁遮普省经济建设上取得的成功移植到国家层面。在这种背景下，谢里夫政府开始实施其经济外交，而中巴经济走廊毫无疑问在新政府经济外交的总体布局中扮演着十分关键的角色。

关键词　中国　巴基斯坦　谢里夫　经济外交

一　谢里夫政府实施经济外交的必要性

（一）不断恶化的安全局势

2001 年 "9·11" 事件以后，时任巴基斯坦总统的穆沙拉夫将军出于国家利益考虑决定加入美国反恐阵营，配合对阿富汗的 "基地组织"（al - Qaida）和 "塔利班"（Taliban）实施打击。随后，部分塔利班武装人员越过巴阿边界进入巴基斯坦北部地区，建立营地，发展组织。而这些人员就是巴基斯坦 "塔利班"（TTP）的前身。2007 年，巴基斯坦 "塔利班" 成立以后，对支持美国反恐战争的巴基斯坦政府实施恐怖袭击。

2013 年 3 月 2 日，巴基斯坦重要港口城市卡拉奇发生汽车炸弹爆炸事

［作者简介］曾渝志，西华师范大学巴基斯坦研究中心助理研究员。

① DWAN, Blast ravages Shia neighbourhood, Mar. 3, 2013, http：//www. dawn. com/news/790071/blast - ravages - shia - neighbourhood.

件，造成至少45人死亡，135人受伤。[①]在同一天，又有14名平民死在卡拉奇的枪击事件中。[①] 2013年4月30日，两名巴基斯坦人民党成员在进行选举筹备工作时死于枪击。[②] 一系列恐怖袭击仅仅是巴基斯坦卡拉奇地区混乱安全局势的一个缩影，即便是巴基斯坦官方，也没有关于巴基斯坦卡拉奇地区恐怖袭击和伤亡人数的精确报告。

卡拉奇地区混乱局势的起因，是巴塔内部马哈苏德派（Mehsud）和拉赫曼派（Rehman）的争权夺利，两个派别的武装领导人都希望获取地区的控制权。2013年8月16日，马哈苏德派卡拉奇地区指挥官Sher Khan Mehsud被拉赫曼派的枪手暗杀，双方又爆发了新一轮的交火，卡拉奇局势更加混乱。

在巴基斯坦"塔利班"主力盘踞的巴基斯坦北部地区，2013年1—8月，奥拉克塞共发生29起安全事故，造成259人死亡，200人受伤。巴焦耳地区在2013年前8个月共发生16起爆炸事件，造成32人死亡。进入5月以后，为了保证巴基斯坦大选的顺利进行，巴基斯坦政府军开始对巴基斯坦北部地区的非法武装进行清剿。自2013年5月5日开始，到6月30日结束，巴基斯坦军方在开伯尔·普赫图赫瓦省共击毙76名非法武装分子，政府军也有21人阵亡，86人受伤，双方的交战至少使15000名巴基斯坦普通民众沦为难民。[③] 虽然谢里夫政府成立以后，加快了与巴基斯坦"塔利班"的和谈，但是，2014年6月9日巴基斯坦"塔利班"发动对卡拉奇"真纳"国际机场的恐怖袭击，造成包括10名武装分子在内的29人死亡。这一恐怖事件让巴基斯坦政府的和平努力彻底化为乌有。[④]

进入2015年以后，"伊斯兰国"（IS）恐怖组织开始进入巴基斯坦北部地区活动，如果说巴基斯坦"塔利班"是一支地域性色彩十分明显的军事力量的话，那么，"伊斯兰国"的影响是全球性的。它在巴基斯坦活动的猖獗，必然使巴基斯坦国内的安全形势更加复杂化。如此恶化的安全局势既违背了谢里夫竞选时对选民的承诺，也不利于其经济外交的开展。

（二）低迷的经济形势

人民党执政的五年里，巴基斯坦年均GDP增长率仅仅为3%，还伴随着年均8%的通货膨胀率。从2012—2013财年数据看，巴基斯坦实际GDP增长

---

① DWAN, Karachi unrest claims 12 more lives, Mar. 3, 2013, http：//www. dawn. com/news/789853/karachi – unrest – claims – 12 – more – lives.

② DWAN, Two PPP workers shot dead in Lyari, May 1, 2013, http：//www. dawn. com/news/794982/two – ppp – workers – shot – dead – in – lyari.

③ Daily Times, 75 terrorists killed in 34 – day Kurram operation, June 30, 2013, http//www. daily-times. com. pk/default. asp page =2013/06/30/story 30 – 6 – 2013, pp. 1 – 5.

④ DWAN, Karachi airport attack：Bid to disable aviation system thwarted, June 10, 2014, http：//www. dawn. com/news/1111768/karachi – airport – attack – bid – to – disable – aviation – system – thwarted.

率仅为 3.6%，相比 2011—2012 财年的 4.4% 下降了 0.8 个百分点，没能完成既定的 4.3% 的增长目标。[①] 三大产业中，受 2012 年下半年洪涝灾害的影响，信德省和旁遮普省两个农业大省的谷物生产受到严重损失，进而影响了整个农业的增长。2013 财年，巴基斯坦农业 GDP 增长率仅为 3.3%，低于上一财年的 3.5%，没能完成增长 4% 的既定目标。相对来说，大型制造业的表现却令人眼前一亮，2013 财年巴基斯坦大型制造业的 GDP 增长率为 2.8%，相比上一财年 1.2% 的增长率提高了 1.6 个百分点，超额完成了 2.5% 的增长目标。这一成果的取得，很大程度上得益于巴基斯坦政府为保障电力和油气供应所做出的种种努力。2013 财年巴基斯坦服务业的实际 GDP 增长率仅为 3.7%，远远低于上一财年的 5.3%，没能完成 4.6% 的既定目标。[②] 服务业的增长乏力，究其原因，还是巴基斯坦国内不断恶化的安全局势、混乱的法律和政令执行状况以及反恐战争所造成的宏观经济环境不稳定造成的；服务业包括交通业、零售业、信息通信和批发贸易等，对宏观经济环境的反应极为敏感。

投资、消费和出口是拉动国家经济增长的"三驾马车"，从巴基斯坦经济发展的历史来看，消费对这个国家经济发展的拉动作用最强。2013 财年，消费占据了巴基斯坦 GDP 总量的 87.66%，但仍低于上一财年的 88.86%。其中，私人消费占据 GDP 总量的 76.98%，而上一财年这一数据为 78.53%。[③] 虽然公共消费占据 GDP 的比重相对上一财年的 10.33% 提升了 0.35 个百分比，但仍然不能改变消费对经济拉动的贡献整体下降的事实。投资可以说是巴基斯坦经济发展的"晴雨表"，伴随着巴基斯坦最近几年经济的低迷，投资占 GDP 的比重也从 2007—2008 财年的 19.21% 下降到 2013 财年的 14.22%。在 2013 财年中，出口仅占据巴基斯坦 GDP 总量的 9%。但是，在巴基斯坦政府的鼓励下，侨汇的数量达到 115.6982 亿美元，与上一财年同期相比，增幅达到 6.37%。其中，来自沙特阿拉伯和英国的侨汇增幅最大，分别达到 12.84% 和 27.49%。[④] 但是，由于出口占据巴基斯坦 GDP 比重较小，不足以改变巴基斯坦经济增长乏力的现状。从拉动经济的"三驾马车"的总体走势不难看出，2013 财年巴基斯坦的经济增长进一步放缓，经济形势不容乐观。

由此可见，谢里夫政府执政之初面临的安全、经济形势都非常不利。谢

---

① "Overview of the Economy", Pakistan Economic Survey 2012 – 2013, http：//www. finance. gov. pk/survey/chapters_ 13/executive%20summary. pdf.

② "Growth and Investment", Pakistan Economic Survey 2012 – 2013, http：//www. finance. gov. pk/survey/chapters_ 13/01 – Growth%20and%20Investment. pdf.

③ Ibid. .

④ "Overview of the Economy", Pakistan Economic Survey 2012 – 2013, http：//www. finance. gov. pk/survey/chapters_ 13/executive%20summary. pdf.

里夫领导的穆斯林联盟谢里夫派（PML－N）之所以能取得大选胜利，一方面是其与巴基斯坦塔利班和谈的态度，另一方面是其在旁遮普省执政的五年内，旁遮普省经济的迅速恢复。所以，谢里夫政府能否连任，稳定安全局势和实现经济复苏都是评判其执政成功的重要标准，也关系着选民选票。巴基斯坦是一个经济基础薄弱的中等国家，无论是实现国家的安全稳定，还是恢复国家的经济，都需要大国提供帮助，而这就构成了谢里夫政府实施经济外交的必要性。

二 "中巴经济走廊"建设的进展

（一）通道建设的进展

"中巴经济走廊"这一概念是李克强总理在 2013 年 5 月访问巴基斯坦时提出的。具体来说，"中巴经济走廊"就是计划中巴两国共同努力，建设一条从中国新疆喀什到巴基斯坦俾路支省瓜达尔港的一条长达 2000 多公里的公路、铁路、油气和光缆通道。① 这一概念提出伊始，就引起了巴方的极大兴趣。

早在 2010 年，中国就以 5.75 万亿美元的 GDP 总值超越日本，成为世界第二大经济体。经过中巴双方 60 多年的经营，两国已经成为全天候、全方位的合作伙伴，巴基斯坦的地理位置比邻中国新疆，中国经济的发展理应成为带动巴基斯坦经济复苏的强大助力。

巴基斯坦也不缺乏向中国市场出口的商品，比如 2012—2013 财年出口总额达到 16.075 亿美元的巴基斯坦产巴斯马蒂大米（Basmati rice），占当年整个巴基斯坦食品出口总额的 66%。② 除此之外，巴基斯坦出产的棉花世界闻名，棉纺织品出口也一直是巴基斯坦重要的外汇来源，2012—2013 财年巴基斯坦纺织品出口总额达到 107.493 亿美元，位居巴基斯坦各项商品出口之首。③ 巴基斯坦出产的芒果、肉制品同样对中国市场有着吸引力。为了支持巴基斯坦商品向中国出口，2010 年 5 月，中共中央决定成立喀什经济特区，给予巴基斯坦入境商品"零关税"待遇。中国的优势在于其强大的制造能力，中国现在是名副其实的"世界工厂"，中国国产的能源发电设备、大型机械已经接近甚至达到国际领先水平。而能源缺乏、基础设施建设滞后、大

---

① 王慧慧、张艺：《中巴经济走廊建设步入快车道》，新华网，2014 年 2 月 20 日，http：//news. xinhuanet. com/2014－02/20/c_ 119413458. htm。

② "Growth and Investment"，Pakistan Economic Survey 2012－2013，http：//www. finance. gov. pk/survey/chapters_ 13/01－Growth％20and％20Investment. pdf。

③ "Trade and Payments"，Pakistan Economic Survey 2012－2013，http：//www. finance. gov. pk/survey/chapters_ 13/08－Trade％20and％20Payments. pdf。

宗机械设备不足正是制约巴经济发展的重要"瓶颈",所以,两国的经济有很强的互补性。

但是,根据 2012—2013 财年巴基斯坦财政部公布的数据,巴基斯坦当年前 5 大出口市场分别是美国(占出口总额的 15.1%)、阿联酋(10.1%)、英国(5.4%)、德国(4.1%)和中国香港(1.6%)。进口总额排在前列的国家分别是科威特(8.7%)、沙特阿拉伯(7.7%)、日本(4.4%)、美国(3.6%)、德国(2.5%)以及英国(1.7%)。[1] 其中都没有中国的名字,这既不符合中国经济强势发展应有的表现,也严重滞后于中巴两国紧密的双边关系。

之所以出现这样的情况,缺乏联通中国市场的可靠通道是其主因。目前,中巴之间适合运送大宗出口物资的仅有一条喀喇昆仑公路。这条公路全长1224 公里,所经地区海拔高差大、气候变化明显,多雪崩、滑坡、地震和泥石流灾害。即便如此,全年也仅能保证 6 个月的通车时间。喀喇昆仑公路的建设,符合当时中巴双方加强政治和国防联系的需要,但是,用来作为沟通中国—南亚两大市场的重要商业通道,显然力有不逮。

正是基于全面提升中巴两国经济合作,帮助巴基斯坦经济发展的考虑,2013 年 7 月 4—8 日,巴基斯坦新任总理纳瓦兹·谢里夫选择了中国作为他就职以来出访海外的第一站。

到达北京当天,谢里夫总理就在钓鱼台国宾馆受到了中国国家主席习近平的亲切会见,双方表示了对建设中巴经济走廊的浓厚兴趣。[2] 次日,谢里夫总理与中国总理李克强进行了实质性会谈,双方签署了 8 个有关全面建设中巴经济走廊的双边备忘录,按照双方约定,"中国将先期出资 44 亿美元,启动连接中国西北城市喀什到巴基斯坦瓜达尔港的长达 2000 公里的陆上通道"。[3] 2014 年 2 月,巴基斯坦新任总统马姆努恩·侯赛因访问中国,推进中巴经济走廊的建设仍然是他此行的主要目的。2 月 19 日,中国国家主席习近平与来访的巴基斯坦总统马姆努恩·侯赛因共同出席了中巴五个合作协议的签字仪式。[4] 至此,"中巴经济走廊"建设正式进入快车道。

随着 2014 年年底谢里夫总理第二次访华,中国和巴基斯坦签订了包括《中巴经济技术合作协定》《中巴双边边贸市场建设协定》等 22 个双边协定

---

① "Trade and Payments", Pakistan Economic Survey 2012 – 2013, http://www. finance. gov. pk/survey/chapters_ 13/08 – Trade%20and%20Payments. pdf.

② DAWN, Nawaz meets president of China, seeks to expand economic ties, Jul. 5, 2013, http://www. dawn. com/news/1022943/nawaz – meets – president – of – china – seeks – to – expand – economic – ties.

③ DWAN, Nawaz, Li hold fruitful meeting: 2000km road to link Gwadar with Kashgar, Jul. 06, 2013, http://www. dawn. com/news/1023177/nawaz – li – hold – fruitful – meeting – 2000km – road – to – link – gwadar – with – kashgar.

④ DWAN, Economic cooperation deals signed with China, Feb. 20, 2014, http://www. dawn. com/news/1088246/economic – cooperation – deals – signed – with – china.

和备忘录,总金额达到 456 亿美元。其中主要包括完成喀喇昆仑公路二期工程建设（Karakorum Highway phase 2）、修建巴基斯坦港口城市卡拉奇到拉合尔的高速公路、按照国际标准全面提升巴基斯坦北部城市白沙瓦到卡拉奇的铁路。[①] 可以看出,此次谢里夫的目标十分明确,即通过中国援助,扩展瓜达尔港经济腹地,进而为推进中巴经济走廊建设打下更坚实的基础。一直以来,困扰瓜达尔港发展的最主要问题就是它没有可依托的经济腹地,即便有商船靠岸,也没有可以消化进口品的市场腹地,自然缺乏对往来商船的吸引力。如果在未来六年,相应的工程可以按期完工,可以预计,瓜达尔港将扮演类似 20 世纪 80 年代深圳开发区作为中国对外开放窗口的角色。

可以预计,中巴经济走廊建设的全面推进,首先,会给巴基斯坦带来大量的就业机会,解决一直困扰巴基斯坦政府的就业率问题。其次,随着中巴经济走廊建设的推进,中国势必帮助巴基斯坦升级国内整个交通系统,以符合经济发展的需要。机场、港口的建设也会随着铺开,巴基斯坦基础设施将迎来空前的发展,从而摆脱长期以来制约巴基斯坦经济发展的"瓶颈"。最后,随着经济走廊建设而大量进入巴基斯坦国内的中国企业,将为巴基斯坦带来经济复苏必需的资本、技术;这些将为巴基斯坦带来真正自力更生的能力,比一些国家附加政治、安全条件的援助要真诚得多,务实得多。

中巴经济走廊建设不是中国版"马歇尔计划"的一部分,这不是一种单方面的援助。诚然,当前中巴两国国力的对比,中国必然在走廊建设中占据主导地位。但中巴经济走廊的建设是一个"双赢"的项目。中国同样会得到一条通过瓜达尔港直通中东产油区的路上能源通道,还可以将巴基斯坦作为通道,北上与中亚产油区连成一片,为中国经济的发展提供所必需的能源。

当然,中巴经济走廊的建设也绝不是中国单方面的努力可以完成的,谢里夫政府除做出外交上的努力之外,也正在努力做好配合工作:第一,设法稳定国内的安全局势,确保中资公司和中方工程技术人员的人身及财产安全。第二,加速国内经济体制改革,完善市场机制和竞争机制,为外资的进入创造一个公平的政策和法律环境。第三,重视基础教育和职业教育,提升巴基斯坦普通国民的文化素质和劳动素质,以吸引更多的中资企业来此发展。从中巴两国高层互访的频繁,可以看出两国领导人对于建设中巴经济走廊的重视。谢里夫政府在此方面的态度无疑是积极、真诚的,相信在两国政府的共同努力下,中巴经济走廊的建设会取得应有的回报。

（二）经济走廊框架下的能源合作进展

能源短缺一直是困扰巴基斯坦经济发展和人民生活水平继续提高的难题。

---

① Pakistan Today, China – Pakistan Economic Corridor — A new vista of development in South Asia, December 6, 2014.

即便是今天，巴首都伊斯兰堡每天仍会有 7 个小时处于断电状态。过去 7 个财年，巴基斯坦经济增长率一直上不去，能源危机是一个重要的制约因素。能源供应不足，工业生产就无法得到保证，就业率和产品生产也就无法保证。所以，谢里夫政府上任伊始，就把解决能源危机放在政府工作的优先地位。①

造成当今巴基斯坦能源短缺的原因是多方面的，但能源供应结构问题是重要因素。以巴基斯坦财政部 2011—2012 财年公布的数据，巴基斯坦能源主要依靠石油和天然气供应，其中，石油占据能源供应总量的 15%，天然气则高达 50%。而煤和核能只分别占 7% 和 2%。② 巴基斯坦国内石油和天然气的储量并不高，要维持现有的能源供应，必须大量依靠进口，这会大量消耗巴基斯坦的国家外汇。而储量居于世界第六的煤矿却得不到有效利用。所以，要解决巴基斯坦能源危机，从中国引进适合巴基斯坦资源结构的先进发电设备和技术，改变巴基斯坦能源供应结构，增加巴基斯坦能源产出能力，势在必行。

2013 年 5 月，中国总理李克强在巴基斯坦政府尚未完成交接时便出访巴基斯坦。时任巴基斯坦总统的扎尔达里表示，希望中国帮助巴基斯坦开发巴国内的水电（hydro）、地热（thermal）、太阳能（solar）和风能（wind power）等新能源。他还表示，希望尽早召开中巴能源合作会议。③ 由此看出，巴基斯坦方面已经看出了改变国内能源供给结构，提高能源产能的重要性，并且在经济外交上着手进行相应的努力。

2013 年 7 月，谢里夫在就任总理后第一次访华就去了广州，考察中国南方电网公司（CSG）。并同南方电网公司董事长赵建国举行了会谈，谢里夫希望中国南方电网公司能在电力输送、防止电力消耗、偷电漏电方面向巴基斯坦提供技术和经验上的帮助。④ 2014 年 11 月，谢里夫总理第二次访华，再次在能源合作上取得重要成果。中国方面承诺，未来七年内，将在中巴经济走廊框架下向巴基斯坦提供 338 亿美元援助，用于巴基斯坦能源项目的建设。其中，155 亿美元将在 2017 年之前到位，预计可以为巴基斯坦国家电网新增 10400 兆瓦电力供应。其余 182 亿美元将在 2021 年前到位，再为巴基斯坦国家电网增加 6120 兆瓦电力。⑤ 这些规划中的能源项目包括：预计装机容量

---

① "Energy", Pakistan Economic Survey 2012 – 2013, http://www. finance. gov. pk/survey/chapters_13/14 – Energy. pdf.

② Ibid. .

③ DWAN, Global changes not to affect ties: Li, May. 23, 2013, http://www. dawn. com/news/1013074/global – changes – not – to – affect – ties – li.

④ DWAN, Positive response from Chinese firms: PM seeks help to curb power theft, losses, http://www. dawn. com/news/1023526/positive – response – from – chinese – firms – pm – seeks – help – to – curb – power – theft – losses.

⑤ REUTERS, China commits MYM45. 6 billion for economic corridor with Pakistan, Nov. 21, 2014, http://www. reuters. com/article/2014/11/21/us – pakistan – china – idUSKCN0J51C120141121.

1320 兆瓦的巴基斯坦昆新港发电厂建设项目（Port Qasim Electric Power company）、预计发电量 1320 兆瓦的信德省塔尔煤矿发电厂（Sindh Sino Resources Power Plant of Thar Coal）、预计发电量 300 兆瓦的瓜达尔港煤电项目（Gwadar Coal Power Project）、预计装机容量 720 兆瓦的 Karot 水电站以及 UEP 风力发电项目、Sacha 风力发电项目和 Quaid – e – Azam 太阳能发电项目等 14 个项目。① 曾经建设世界最大水利电力枢纽的中国三峡集团、中国国际电力发展有限公司，将在中国国家开发银行和中国工商银行支持下参与部分项目建设。

由此可见，谢里夫政府在推进国家能源建设的经济外交政策是十分清晰的，即利用中国建设中巴经济走廊框架下的援助，从"开源"和"节流"两个方面入手，解决困扰国家经济发展多年的能源危机。"开源"即大量上马新的电力项目，同时完善已经在建的电力项目，增加巴基斯坦能源供应能力。这种"开源"并不是盲目的，它充分考虑了巴基斯坦国内资源结构，并且与中巴经济走廊建设相配合。比如，上面提到的项目中绝大多数是依靠巴基斯坦蕴藏丰富的煤以及风能、太阳能、水能等清洁高效能源。而项目选址地点，包括瓜达尔港等中巴经济走廊的重要起点。"节流"则是针对因巴基斯坦传输线路老化而造成的电力传输损失和巴国内猖獗的偷电现象，希望中国在技术和经验上给予相应帮助。应该说，谢里夫政府在能源方面对中国进行的经济外交是卓有成效且符合实际情况的。相信通过中巴双方的共同努力，谢里夫政府在能源方面的努力将会有效地缓解巴基斯坦国内的能源危机状况。

2015 年 4 月 21 日，习近平访问巴基斯坦与巴基斯坦谢里夫总理举行会晤。稳步推进中巴经济走廊建设，是两国领导人此次会晤的核心内容。谢里夫总理表示："中巴经济走廊的建设将会使巴基斯坦成为一个地区性的贸易枢纽，而中国也将获得联通中东和非洲的更便捷、更可靠的陆路贸易通道。"② 随后，习近平主席和谢里夫总理又共同出席了中巴 51 个合作项目及备忘录的签字仪式。这 51 个合作项目涵盖能源、安全、基础设施、环境、教育和经济发展。③ 经过此次访问，中巴全天候战略协作伙伴关系得到了强化，这既是谢里夫政府经济外交的重要成果，也是中国建设丝绸之路经济带和海上丝绸之路的战略规划取得的重大进展。

基于双方的共同利益和相互信赖，谢里夫政府对华的经济外交实施，将会是利用中国"一路一带"（One Belt and One Road）的东风，全面配合中巴经济走廊的建设，在中国方面建设中巴经济走廊框架的援助下，全面提升国

① Pakistan Today, China – Pakistan Economic Corridor — A new vista of development in South Asia, December 6, 2014.

② Daily Times, Pakistan, China launch economic corridor, April 21, 2015, http: //www. dailytimes. com. pk/national/21 – Apr – 2015/pakistan – china – launch – economic – corridor.

③ Daily Times, 51 MoUs for cooperation in various fields signed, April 21, 2015, http: //www. daily-times. com. pk/national/21 – Apr – 2015/51 – mous – for – cooperation – in – various – fields – signed.

内基础设施建设、能源项目建设，为巴基斯坦经济长远发展打下坚实的基础。同时，也在政治上进一步加深同中国的联系。

三　总结

相对于中巴经济走廊建设的稳步推进，巴基斯坦与美国、欧盟和海湾国家等传统伙伴之间的经济外交成果却乏善可陈。这里面既有巴基斯坦国内恶化的安全环境、低迷的经济形势和混乱的法律执行等内因的制约；也有美欧等西方国家以经济援助为工具，迫使巴基斯坦为其国家利益服务的外因。目前来看，只有中国是真心帮助巴基斯坦发展经济、实现自力更生的。所以，中巴经济走廊建设将是谢里夫政府经济外交的突破口，它的成败将对巴基斯坦未来的国内政局走向产生深远影响。

中巴经济走廊建设：机遇与挑战

钮锡浩

摘　要　巴基斯坦地处南亚、中亚和西亚的交会处，具有重要的地缘战略位置，是中国"一带一路"战略实施的关键节点。中巴经济走廊既是"一带一路"战略的"旗舰"项目，也是当前中巴合作的"重中之重"。中巴经济走廊建设拥有中巴传统友谊牢固、国家战略互补以及"一带一路"战略推动实施的有利条件，但同时面临大国因素干扰、内部因素制约和中巴合作既有不足等消极因素挑战。

关键词　中巴经济走廊　战略内涵　战略意义　机遇　挑战

巴基斯坦地处南亚、中亚和西亚的交会处，是中国通往西亚和中东的重要桥梁以及南亚地区战略平衡和稳定的重要角色，在中国周边环境和外交中具有重要的战略地位。在当前中国大力推动"一带一路"战略并面临多个方向战略压力的背景下，中巴两国将共建中巴经济走廊，这将有利于实现"中国梦"与巴基斯坦"亚洲之虎梦"的战略对接，促进互利共赢。中巴两国有着"全天候"的传统友谊和全方位合作的基础，为中巴经济走廊建设的实施发展提供了有利条件，但是，外部环境的干扰、国内因素的制约也给中巴经济走廊建设带来了诸多挑战。

一　中巴经济走廊的战略内涵和战略意义

中巴经济走廊的概念缘起于 2006 年 4 月在伊斯兰堡召开的首届中巴能源合作论坛，时任巴基斯坦总理阿齐兹在论坛上提出，中巴两国应该在能源合作方面建立专门的和全方位的机制，打造中巴间的能源走廊。时任巴总统穆沙拉夫在随后接见参会的中巴商界代表时，进一步明确了关于中巴走廊的建议，他指出："如果把巴基斯坦的陆路大动脉与中国新疆接通，完善巴基斯坦基础设施、通信设施，未来的喀喇昆仑公路以及在其基础上可能建立的喀

[作者简介] 钮锡浩：中国人民解放军南京政治学院国家政治专业硕士研究生。

喇昆仑管线，甚至铁路，必将成为中国与中东、中亚、南亚国家经济战略走廊的最佳捷径。"① 在随后数年中，中巴两国开展全方位的务实合作，两国关系进一步密切。2013 年 5 月，李克强总理在访问巴基斯坦时首次明确提出中巴经济走廊的战略倡议，并代表中国政府同巴方签署了一系列合作协定和谅解备忘录。2015 年 4 月 8 日，中巴经济走廊委员会在巴首都伊斯兰堡成立，为习近平主席访巴预热。随后，习主席正式访问巴基斯坦，并指出，"两国要以中巴经济走廊为中心，以瓜达尔港、交通基础设施、能源、产业合作为重点，形成'1 + 4'合作布局，实现合作共赢和共同发展，成为对本地区互联互通建设具有示范意义的重大项目"。② 习主席此访标志着中巴经济走廊建设进入全面实施阶段。

中巴经济走廊是中巴两国交往史上又一标志性事件，是两国传统的政治战略友好关系向务实的经济战略共赢关系的转变，中巴经济走廊的建设对合作双方都具有重大的战略意义。中国方面，中巴经济走廊将成为"向西开放"的陆路通道，有助于中国突破资源"瓶颈"，破解"马六甲困境"，维护国家能源安全；中巴经济走廊建设与"西部大开发"战略遥相呼应，将有力地推动"西部大开发"向南亚地区拓展，开拓中国西部地区经济发展新空间，进而促进国内经济更加平衡；中巴经济走廊还将成为"一带一路"建设的示范区和突破口，有力地推动"一带一路"向更广阔空间辐射。巴基斯坦方面，中巴经济走廊将为巴基斯坦经济发展注入活力，尤其是在基础设施建设、工业体系发展和社会民生改善等方面，进而促进巴基斯坦实现政治稳定和社会繁荣；中巴经济走廊将帮助改善巴基斯坦国内经济环境，提升经济对外开放水平，使巴基斯坦更好地参与经济全球化和一体化进程；中巴经济走廊与巴基斯坦"亚洲之虎梦"高度契合，能够帮助巴基斯坦提升地区影响力，助推国家发展战略。

二　中巴经济走廊建设的有利条件

（一）中巴之间牢固的传统友谊，为中巴经济走廊建设提供政治保障

中巴两国拥有着牢固的传统友谊，两国关系"比山高，比海深，比蜜甜"，不管世界形势如何风云变幻，中巴两国始终都在涉及对方核心利益的重大问题上相互理解、相互支持。"冷战"时期，中巴建立和发展全天候的伙伴关系，20 世纪五六十年代，中国受到西方国家的封锁，巴基斯坦成为当

---

① 周戎：《巴总统提出中巴经济战略走廊构想》，《光明日报》2006 年 4 月 28 日。
② 《习近平提升中巴为全天候战略合作伙伴　丝路基金首个项目落户巴基斯坦》，观察者网，2015 年 5 月 2 日。

时中国与外部世界联系的重要通道；60 年代后期至 70 年代初期，巴基斯坦是中美关系解冻的重要渠道；在中国台湾地区、西藏和人权等问题上，巴基斯坦始终给予中国积极的支持。与此同时，中国在国际承认、经济发展、安全保障以及人道主义援助等方面给予巴基斯坦巨大的支持和帮助，始终是巴基斯坦在国际社会中最坚强和最可靠的后盾。"冷战"结束后，中巴关系又经受住一系列国际地缘战略变化的考验，包括中印关系改善、苏联解体、印巴核试验、卡吉尔冲突以及美印的战略接近等，两国友好关系继续朝着不断深化的方向发展。

2015 年 4 月，习近平主席将本年的首访选定在巴基斯坦，在巴基斯坦议会发表演讲时，习主席指出："中国和巴基斯坦的友谊是肝胆相照的信义之交，休戚与共的患难之交，堪称国与国友好相处的典范。"[①] 在访问期间，双方领导人一致同意将两国关系升级为全天候战略合作伙伴关系。"全天候就是风雨无阻、永远同行的意思。"[②] 中巴关系由此进入了全新的、更加紧密的发展阶段。中巴经济走廊作为中巴合作的"重中之重"，不仅仅是一个经济方面的双边合作，而是一个包括政治、经济、安全、文化等在内的综合性的合作方案，并且在实施过程中，还将不可避免地涉及地区其他国家和组织。经济合作作为中巴经济走廊的核心议题，其顺利实施和效果保障需要双方政治关系的支撑，而中巴两国牢固的传统友谊和紧密的国家关系将为中巴经济走廊提供有力的政治保障。

（二）中巴两国国家战略的互补，为中巴经济走廊建设提供现实动力

谢里夫担任巴基斯坦总理以来，围绕发展和改善巴基斯坦的经济问题进行了大刀阔斧的改革，经济社会发展取得了一定的成果，但是，巴基斯坦仍然面临着低增长、高赤字、高失业率等问题，民生改善步履维艰。2013 年 6 月 6 日，谢里夫总理在其第三次就职的演说中指出，他的新政府将致力于消除巴基斯坦人民的贫困，减少国家债务，根除腐败贿赂之风，改善国内的法律和安全状况。谢里夫还在宣言中郑重声明，改善国民经济水平是他对全体巴基斯坦人民做出的巨大承诺。为此，他将制定出一系列的内政外交政策。[③]可以说，大力发展经济，改善民生，促进社会繁荣稳定是巴基斯坦国家战略的当务之急和重要着力点。中国经济总量位居世界第二，在经济发展进入"新常态"之后，依旧保持良好态势，既是世界经济增长的重要引擎之一，也是周边国家发展本国经济的有力依靠。但是，当前中国经济在结构调整、

---

① 习近平：《构建中巴命运共同体 开辟合作共赢新征程》，新华网，2015 年 4 月 21 日。

② 同上。

③ Liaqat Toor, "Nawaz with ambitious plans re‐enters PM office", Pakistan Observer, June 6, 2013, http：//pakoberver. net/2013/06/06/detailnews. asp？ id = 20895.

产业转移、市场挖掘以及投资空间拓展等方面面临着较大的压力。由此观之，中巴两国在发展战略上存在较大的互补性。中国可以利用国内富余的资金、领先的技术以及先进的管理经验帮助巴基斯坦发展国民经济，改善巴国内民生；巴基斯坦可以承接中国的产业转移，为中国提供更广阔的出口和投资市场，利用其重要的地缘战略位置帮助中国实现能源进口多元化等。中巴经济走廊就是在这一战略背景下，成为中巴合作共赢的典范，该项目的建设不仅有利于两国发展经济、改善民生，也是中国"西部大开发"战略升级的内在要求及推进"睦邻、安邻、富邻"周边外交的重要抓手，同时也将有助于巴基斯坦提升地区影响力，获得更为稳定的外部环境。

正如习近平主席所说："今天，中巴两国都肩负着民族振兴的历史重任，致力于强国富民的伟大梦想。我们比以往任何时候都更需要紧密携手合作，发挥两国传统友好优势、地缘毗邻优势、经济互补优势，共享机遇，共迎挑战，共谋发展，不断充实中巴命运共同体的内涵，更好造福两国人民，促进地区稳定和繁荣，为打造亚洲命运共同体发挥示范作用。"①

（三）"一带一路"战略的实施，为中巴经济走廊建设提供了有利契机

2013 年 9 月和 10 月，习近平提出了"丝绸之路经济带"和"21 世纪海上丝绸之路"的战略倡议。"一带一路"倡议一经提出便在国内外引起热议，得到广泛响应，并在中国共产党的十八届三中全会上上升为国家战略。"一带一路"战略是以习近平同志为总书记的党中央主动适应世界经济形势深刻变化、统筹国内国外两个大局而做出的重大战略决策，是中国建设人类命运共同体，构建以合作共赢为核心的新型国际关系的重要实践。"一带一路"是一个开放包容的平台，沿线国家将本着共商、共建、共享的原则平等参与，发挥各自优势，推动战略对接，促进共同发展，实现互利共赢。

当前，"一带一路"战略倡议由论证阶段进入推动实施阶段，亟须相关国家和地区以务实的态度和积极的行动支持推动。"巴基斯坦作为中国的传统友好国家和'一带一路'沿线的重要国家，是'一带一路'战略的重要支点国家、重要连接国家和重要示范国家，战略地位十分重要。"②"一带一路"战略倡议得到巴基斯坦的积极响应，巴基斯坦总理谢里夫明确指出："巴方支持中国的'一带一路'倡议，将积极参与亚洲基础设施投资银行建设。"③中国也高度重视巴基斯坦在"一带一路"建设中的地位作用，努力发挥巴基斯坦的示范和引领作用，致力于将中巴经济走廊打造成"一带一路"的"旗

---

① 习近平：《构建中巴命运共同体 开辟合作共赢新征程》，新华网，2015 年 4 月 21 日。
② 孟江阔：《"一带一路"视野下的巴基斯坦战略地位及其实现路径探析》，《世界经济与政治论坛》2015 年第 4 期。
③ 杜尚泽、杨迅：《习近平同巴基斯坦总理谢里夫举行会谈——双方决定把中巴关系提升为全天候战略合作伙伴关系》，《人民日报》2015 年 4 月 21 日。

舰"项目和"样板"工程。2015 年 4 月，中巴两国签订了价值达 460 亿美元的合同，这是中国历史上数额最大的单笔对外投资，在签署的 51 个合作项目中，超过 30 个涉及中巴经济走廊。此外，由中国发起成立的"丝路基金"也将首笔贷款提供给巴基斯坦，用于中巴经济走廊的建设。可以说，巴基斯坦因其重要的地缘位置和同中国的友好关系，在"一带一路"战略实施中，抢占了先机，走在了前列，获得了更多的发展机遇，中巴经济走廊作为中巴合作的"旗舰"项目，也将获得更多的政策、资金和技术等支持，正如王毅外长形象地描述的："如果说'一带一路'是一首惠及多个国家的交响乐的话，那么中巴经济走廊就是这首交响乐甜蜜的开场曲。"

三 中巴经济走廊建设面临消极因素的挑战

（一）大国因素的干扰

21 世纪以来，国际格局深度调整，世界形势风云变幻，世界重心随着各国力量的此消彼长而发生迁移。随着包括印度在内的新兴大国群体性崛起，南亚次大陆日益受到国际社会关注，包括美国在内的世界各主要力量高度重视自身在南亚地区的利益和影响力，印度则继续努力维持其在南亚地区的主导地位，着力将南亚和印度洋地区打造成以印度为核心的"印度洋世界"，以期以此为"跳板"实现其世界"一流大国"的梦想。在此背景下，中巴经济走廊建设将受到域外及地区大国不同程度的影响。

美国一直都将巴基斯坦视为实施其中南亚地区战略的重要支点国家，以此为支点，美国可以遏制印度的迅速崛起，并对中国和俄罗斯的战略空间形成挤压。20 世纪末，布热津斯基在论及地缘政治支轴国家时，仅将巴基斯坦列为备选国家。[①] 尽管近年来美巴关系矛盾进一步发酵，巴国内反美情绪上升，但是，美国不会放弃其在南亚的战略企图，尤其是在中国日益崛起的背景下，美国将更加重视南亚的地缘战略价值。当前，美国正强势推进"亚太再平衡"，并大力推进"新丝绸之路计划"，试图从东西两面对中国实施挤压，抢占中国周边的战略空间，维持其在亚太地区的主导权。中巴经济走廊作为中国"一带一路"战略的示范，必将受到来自美国的强烈阻碍，妥善处理同美国的关系是中巴经济走廊建设必须研究的一个重点。

印度是讨论中巴关系和中巴合作时无法回避的因素。印度对中巴合作的猜疑始终存在，许多印度官员和学者仍习惯于从均势角度看待和处理中印巴关系，"当印度希望'包围'巴基斯坦（印度的直接对手）和'遏制'中国

---

① ［美］兹比格纽·布热津斯基：《大棋局：美国的首要地位及其地缘战略》，上海世纪出版集团 2012 年版。

（印度的长远安全威胁）时，中国和巴基斯坦也在追求相似的目标，即战略上'挤压'印度"。[1] 对于中巴经济走廊，印度也是高度防范，一方面，中巴经济走廊途经巴控克什米尔地区，是印巴领土争端的焦点；另一方面，中巴经济走廊将提升中巴两国在南亚地区的影响，印度担心将侵害其主导南亚事务的战略利益，存在被边缘化的危险。因此，在中巴经济走廊建设过程中，来自印度的干扰无可避免。

（二）巴基斯坦国内因素的制约

在政治上，巴基斯坦政体一直处于军人独裁和民主政治摇摆之中，饱受政治动荡的折磨，军人干政、民主脆弱、国家认同缺乏是其典型特征。2013年5月，巴基斯坦首次实现了民选政权的平稳过渡，但是，巴基斯坦的国内政治生态必将对中巴经济走廊建设形成挑战，政权不稳将使国家领导人将更多精力投入到巩固权力基础上，难以为中巴经济走廊提供稳定而强力的政治支撑；弱国家特征伴随着政府执行效率的低下，将迟滞中巴经济走廊建设的步伐；缺乏具有很强内在凝聚力的民族共同体将导致不同民族、不同地区之间的利益之争，中巴经济走廊的路线之争就是这一问题的集中体现。

在经济上，巴基斯坦国内缺乏推动中巴经济走廊建设的现实客观条件，经济支撑能力欠缺。巴基斯坦的经济开放水平还不高，尤其是关税水平较高，这将增加经贸与投资的成本，对相关项目的顺利开展形成风险；产业基础薄弱，经济发展主要依靠农业和服务业，制造业水平低下，工业发展能力低，资源开发能力不足，难以为中巴经济走廊的大型项目提供有力的资源和技术支撑；投资环境欠佳，在世界银行发布的营商环境排名中，巴基斯坦在全部189个国家和地区中排在128位，将严重抑制投资者的投资意愿，同时较为落后的金融环境还将削弱投资者的投资能力，中巴经济走廊将因此面临最严峻的资金短缺的风险。

在安全上，目前南亚、西亚、中亚地区安全形势不佳，虽然巴基斯坦在打击"三股势力"上投入了大量资源和力量，但巴基斯坦的恐怖主义问题并未得到实质性好转。据统计，从2014年1月1日至12月7日，巴基斯坦国内发生的与恐怖主义相关的暴力袭击多达367次，比2013年的319次有较大幅度上升，造成1578名平民死亡，515名安全部队士兵死亡，击毙恐怖分子2864名。[2] 从整体形势来看，巴基斯坦恐怖主义活动形势非常严峻，不仅巴阿、巴印边境恐怖活动频繁，而且中巴经济走廊所经地区的矛盾冲突也较多。中巴经济走廊资金规模庞大、涉及领域广阔、覆盖范围大，巴基斯坦的这种

---

[1] Rahul Bedi, "China and the South Asia Circle", Asia Times, April 29, 2003.

[2] Fatalities in Terrorist Violence in Pakistan 2003 – 2015 [EB/OL]. http://www.satp.org/satporgtp/countries/pakistan/database/casualties.html.

安全形势势必对中巴经济走廊的建设产生较大的负面影响。

（三）中巴合作既有不足的影响

一是民间交流薄弱。尽管中巴两国关系在国家层面高度发展，高层互访频繁，官方往来已实现机制化、常态化，在巴国内，与中国的友好关系已经上升至法律层面，中国民众也将巴基斯坦亲切地称为"巴铁"。但是，双方民众之间真正的接触和交流非常有限，相互认识较为单一和狭窄。"在普通民众仍把中国视为可靠的朋友的同时，中巴关系的持久性不再成为外交政策公共讨论的中心。"① 中巴两国山水相依，且均为世界人口大国，但两国每年往来人员不足 15 万，凸显了两国民间交往的薄弱。"国之交在于民相亲"，民间交往是国家关系中最基础、影响最持久的因素，是国家关系发展重要的推动力。民间交往的薄弱将使中巴经济走廊建设缺乏坚实的民心基础，面临动力不足的风险。

二是文化壁垒。中巴两国都是历史悠久的文明古国，历史上有着良好的文化互动和交流，但是，两国文化之间的差异非常明显。两千多年来，中国深受儒家文化的熏陶和影响，强调"仁""义""礼""智""信"，崇尚"中庸""和谐"，习惯于用"是非"观念看待和处理与外部世界的关系，如今则以马克思主义作为国家发展的指导思想，强调经济发展的重要性；巴基斯坦信奉穆斯林文化，强调以信仰真主为最高标准，宗教往往凌驾于经济社会发展的现实之上，经济发展经常受制于宗教观念。文化的差异形成不同的民族思维习惯和理解方式，使在中巴经济走廊建设过程中双方的战略互信和战略合作存在不确定性。中国方面可能以大国自居，文化优越感过强，实用主义色彩过浓，从而伤害巴基斯坦的民族宗教感情；巴基斯坦方面则可能在合作过程中受宗教因素影响过多，并出于自身国力薄弱考虑而只愿多得利，不愿多承担责任，从而打击中国的合作积极性。此外，双方语言的差异有可能造成信息错位，加大战略误解的风险。

三是中印日益活跃的互动。中印两国同为新兴经济体的典型代表，且都是亚洲地区具有重要影响力的大国，两国关系的发展对地区形势变化具有举足轻重的影响。中印两国在历史上有过军事冲突，在当前战略上，也处于竞争态势，但是，近年来双方都以更加务实的态度处理国家关系，致力于挖掘文化上的共通性和利益上的契合点，开展广泛合作，以图互利共赢。2014 年 9 月，习近平主席访印期间提出，要与印度发展全球伙伴关系。印度总理莫迪则用"两个身体、一种精神"来比喻两国，并期望两国关系实现从"英寸到英里"的飞跃。这或许会引起巴基斯坦的战略怀疑、担忧与防范。印巴关

---

① Samina Yasmin, "China and Pakistan in Changing World", in Santhanam and Srikanth Kondapalli, Asian Security and India 2000 - 2010, SP Shipra, New Delhi, 2005, p. 315.

系历来是南亚地区的热点问题，一直以来，两国之间围绕领土争端、军备竞赛、地区主导权等问题龃龉不断，相互视对方为自身最大的威胁。随着近年来印度国家实力的不断增长，印巴之间原本就极其脆弱的战略均势逐步被打破，巴基斯坦对印度的疑惧日益上升，而中印接近则更将引起巴方的战略恐慌。战略互信的降低将对中巴经济走廊建设构成严重的挑战，动摇双方合作的战略基石，需要双方高度重视，妥善处理。

从非传统国际格局看美巴关系中的
哈卡尼网络

安高乐

　　摘　要　后本·拉登时代，哈卡尼网络在非传统国际格局中日益成为影响美国和巴基斯坦关系的重要因素。其发展历程大致可以分为苏联入侵阿富汗时期、苏联撤出阿富汗之后和"9·11"事件之后三个阶段。哈卡尼网络有四个基本特征：隐蔽性、地理位置的特殊性、组织的中枢性、讲究策略的战略方法。后本·拉登时代，围绕如何对待哈卡尼网络，美国和巴基斯坦之间产生了重大分歧，哈卡尼网络成为影响美巴关系持续走向的重要因素之一。但美国和巴基斯坦为了各自国家利益，两者在"反恐"问题上需要相互借重，因此，在可预见的将来，巴基斯坦作为美国反恐"前线国家"的地位不会改变。

　　关键词　非传统国际格局　哈卡尼网络　美巴关系　恐怖主义基地组织

　　"9·11"事件和阿富汗战争以来，国际社会发生了深刻变化，包括非传统格局的凸显。所谓非传统格局是在传统的主权国家和国际组织等之外，出现了影响越来越大的非国家、非国际组织行为体与特定的国家对抗，并对主权国家之间关系产生影响的国际体系。由于它是近十年来逐步形成的，在传统国际格局中出现了足以影响大国国际安全战略、国家之间关系的新变量——国际恐怖主义网络等非国家行为体，所以，可以把这种国际体系称为"非传统国际格局"。①后本·拉登时代，哈卡尼网络（the Haqqani network）日益成为非传统安全格局中影响美巴关系的一个重要因素。美国认为，哈卡

　　[作者简介]　安高乐，西南石油大学马克思主义学院博士、讲师，江苏师范大学巴基斯坦兼职研究人员。主要从事现代国际安全研究。本文曾发表在《西南民族大学学报》（人文社会科学版）2015年第7期。

　　①　刘江永：《美国军事卷入钓鱼岛将面临两难困境》，《国际问题研究》2011年第3期，第14页。

尼网络因刺杀和平使者拉巴尼而破坏了"北约"和阿富汗塔利班之间可能的和平谈判，袭击美国驻阿富汗大使馆而导致美巴关系紧张，并声称有足够证据证明巴基斯坦"三军情报局"（Inter – Services Intelligence，ISI）支持哈卡尼网络，从而把该组织当作实现国家政策的工具，要求巴基斯坦禁止该组织在巴阿边境活动。事实果真如美国所言？哈卡尼网络在美巴关系中扮演了什么角色？本文以非传统安全格局为研究视角，从哈卡尼网络的基本特征及其发展历程入手，探讨其长盛不衰的原因，分析它与包括"基地组织"在内的恐怖主义组织之间的联系，同时研究这一组织对美巴关系的影响。

一 哈卡尼网络发展历程

哈卡尼网络是活动于巴基斯坦和阿富汗边界的一个激进组织，其高层领导结构本质上表现为等级制和家族制。[①] 其发展经历了三个阶段：第一阶段从 20 世纪 70 年代中期到 1989 年抵抗苏联入侵阿富汗运动的结束。第二阶段从 1989 年到 2001 年 9 月 11 日，是其发展壮大阶段。在这一阶段，哈卡尼网络利用自身的枢纽地位向其他激进组织提供帮助，传播圣战思想。"9·11"事件至今为第三阶段，是哈卡尼网络继续发展阶段。

（一）哈卡尼网络的建立时期

哈卡尼网络形成于 20 世纪 70 年代初，早在苏联入侵阿富汗以前，阿富汗首相穆罕默德·达乌德（Mohamed Daoud）于 1973 年发动政变，推翻国王查希尔（Mohammad Zahir Shah）。这一政变遭到包括哈卡尼在内的许多人士反对，哈卡尼及其追随者徒步去巴基斯坦接受军事训练，以便与达乌德新政府作战。自此以后，贾拉勒丁·哈卡尼将巴基斯坦的北瓦济里斯坦作为最初的后勤基地和庇护所，开始发展自己的网络，包括接纳战士和支持者，以发动军事行动为目的，而其支持者则主要来自海湾各国和巴基斯坦三军情报局。[②] 从哈卡尼网络的形成来看，它首先不是基于外国干涉而建立，而是基于国内政治，即始于对达乌德发动军事政变的反对。

（二）哈卡尼网络的发展壮大阶段

20 世纪 90 年代是哈卡尼网络的发展阶段，其发展因素既有国际环境因素又有地区冲突因素。从全球层面来看，苏联在 20 世纪 80 年代末 90 年代初

---

① 其主要家族领导包括贾拉勒丁·哈卡尼（Jalaluddin Haqqani）、兄弟卡里尔（Khalil Haqqani）及其三个儿子：巴德鲁丁（Badruddin Haqqani）、纳西鲁丁（Nasiruddin. Haqqani）和希拉珠丁（Sirajuddin. Haqqani）。

② Don Rassler and Vahid Brown, "The Haqqani Nexus and the Evolution of al – Qaeda", *The Combating Terrorism Center at West Point*, July 14, 2011, p. 19.

撤出阿富汗以后，该地区成为巴基斯坦、印度和伊朗角逐的权力真空。哈卡尼网络利用这一乱局不仅巩固了自身中枢地位，而且为"基地组织"提供场所、环境和精神动力，使后者能够开展训练、传播圣战观念，并在其他地方发动圣战，在帮助其他组织发动和扩展圣战方面也扮演重要角色。从地区层面来看，印度和巴基斯坦围绕克什米尔的冲突是哈卡尼网络发展的地区因素。哈卡尼网络帮助巴基斯坦在克什米尔地区培养"自由战士"，同时，该组织通过调解争端、帮助塔利班维持阿富汗政权，从而提高自身的信誉和影响力。

（三）哈卡尼网络继续发展阶段

"9·11"事件后，美国以阿富汗塔利班政权支持本·拉登为由发动阿富汗战争并推翻塔利班政权，并以胁迫方式让巴基斯坦支持美国主导的反恐战争。于是哈卡尼网络以美国和西方为袭击对象，同时不断壮大自身组织，一如既往地巩固其中枢地位。美国由此认为，哈卡尼网络在巴基斯坦三军情报局的支持下，迅速成为美国主导的反恐联盟在阿富汗的一大障碍，所以，奥巴马政府于 2008 年根据国内法将哈卡尼网络定性为国外恐怖主义组织（FTO），并将哈卡尼网络的 7 名领导人列入黑名单。[1] 2012 年 9 月 8 日，美议会通过这一议案，正式将该组织定性为恐怖主义组织。[2] 美国此举不但未能让哈卡尼网络远离基地组织和全球圣战，反而使它们走得更近。哈卡尼网络通过向基地组织提供过境通道、庇护所和基地，使后者能够在阿富汗发动袭击，并策划全球恐怖袭击，从而形成密切关系。目前，哈卡尼网络和基地组织在帕克提亚和北瓦济里斯坦的军事行动仍然紧密配合，互为一体。从老哈卡尼到其子希拉珠丁（Sirajuddin），两个组织之间的联系纽带一脉相承，表明两者之间的关系不仅具有历史性，还具有代际性。这种情况可能导致基地组织的复活，并进一步影响美巴关系。[3]

二　哈卡尼网络的基本特征

从 20 世纪 70 年代哈卡尼网络招募成员开始发展到结构性网络，一直是一个重要的激进组织，以自身"隐形性"、地理位置的特殊性、组织的中枢性和操作上的策略性，在 30 多年的地区冲突中扮演重要角色。

---

① K. Alan Kronstadt, "Pakistan – U. S. Relations: A Summary", Congressional Research Service, October 21, 2011, p. 21.

② Bradley Klapper and Matthew Lee, "US calls Pakistan group Haqqani network terrorists", *Associated Press*, Sep. 8, 2012, http://www.fortwayne.com/apps/pbcs.dll/article? AID =/20120908/NEWS/320106589.

③ Don Rassler and Vahid Brown, "The Haqqani Nexus and the Evolution of al – Qaida", The Combating Terrorism Center at West Point, July 14, 2011, p. 39.

（一）具有"隐形一极"

"冷战"前，国家安全主要受传统安全的威胁；"冷战"后，尤其是"9·11"事件以来，国家安全受到传统国际格局和非传统国际格局中各种因素的双重挑战，而非传统国际格局的影响在不断增大。哈卡尼网络和其他恐怖组织蔓延，正逐步形成网络化的"隐形一极"（见表1）。它们不是国家或国家集团，而是非国家、非政府跨国行为体或者跨国活动（如塔利班）。哈卡尼武装就是这一"隐形一极"中的重要组织之一，利用自身的游离性和隐蔽性，"9·11"事件后频频发动对美国的袭击，使美国长期陷入战争状态，疲于应付。于是在21世纪初，国际关系有史以来第一次形成以"两级对抗热战"为主要特征的非传统国际格局。[1]

表1   一极多元的传统国际格局与两极对抗的非传统国际格局

格局 \ 特点	传统国际关系格局	非传统国际关系格局
主要国际行为体	国家与国家	国家与非国家、非政府、个人
国际行为体	国际集团与国际集团	国际集团与非政府集团、个体集团
国际行为方式	战争、冲突、"冷战"、合作	非对称战争、恐怖袭击
对手特点	对手比较明确，相互竞争中有相互依存	以伊斯兰极端主义为背景的"隐形一极"与以美国为代表的西方国家
格局结构特点	一极多元、多元并存	两级对抗、难以调和

资料来源：刘江永：《可持续安全要靠王道而非霸道》，《世界经济与政治》2011年第8期。

（二）地理位置的特殊性——巴阿边境的道路枢纽

哈卡尼网络的一致性、持久性与活动范围的集中性密切相关。自20世纪70年代中期以来，哈卡尼网络便成为阿富汗西南部、巴基斯坦北瓦济里斯坦（North Waziristan）地区最具影响的武装组织之一，该组织将横跨"杜兰线"（Durand Line）两边山区用作反对阿富汗政府的主要中心地和避难所。[2] 而该地区特殊的地理环境和历史渊源不但使哈卡尼网络形成了独具特色的战略方

---

[1]　刘江永：《美国军事卷入钓鱼岛将面临两难困境》，《国际问题研究》2011年第3期，第15页。

[2]　Thomas Ruttig, "The Haqqani Network as an Autonomous Entity," in Decoding the New Taliban: Insights from the Afghan Field (ed.), *Antonio Giustozzi*, New York: Columbia University Press, 2009.

法，而且巩固了长达 30 多年的强势地位，使其成为地区和国际冲突的焦点。20 世纪 80 年代，为支持圣战组织（mujahidin）抵抗苏联入侵阿富汗，美国、沙特阿拉伯和其他国家向巴基斯坦境内的圣战组织直接提供援助，捐赠多达 120 亿美元①，大量物资源源不断地流进阿富汗。根据三军情报局透露，多达 60%（其中的 1/3 直接通过哈卡尼网络总部）的补给途经阿富汗境内的霍斯特（Khost）和东南部省份帕克蒂亚（Paktia）。霍斯特有十几条路线通往巴基斯坦，多达 11 条以上的路线通往阿富汗的其他地方，这些路线的战略位置极其重要，哈卡尼网络可以借助这些路线运入武器弹药，运出伤亡人员。②苏联撤出以后，哈卡尼网络首先占领霍斯特，由贾拉勒丁·哈卡尼主导该地区的活动。③ 由于霍斯特路线位于国际资源动员网络分配终端，所以，哈卡尼网络在反对阿富汗政府以及美国主导的国际反恐联盟时能发挥地缘优势。苏联撤出阿富汗以后，贾拉勒丁·哈卡尼在提及这一补给线时给予很高的评价。他评论说，霍斯特是阿富汗境内重要路线枢纽，地理位置非常重要，是四大战略要地之一。另一重要据点帕克提亚则是从北瓦济里斯坦和南瓦济里斯坦的避难所到达阿富汗首都坎大哈最为便捷的通道。这在一定程度上有助于解释为什么该组织总是在坎大哈发动人体炸弹袭击，因为靠近巴基斯坦一侧的山区地形和庇护所可以使哈卡尼网络维持后方供应基地，减少消耗。④

（三）组织管理的中枢性

哈卡尼网络的中枢性主要表现为该组织具有高素质的组织人员和良好的关系网络。不管在巴基斯坦还是在阿富汗，哈卡尼网络的意识形态和组织基础牢固，形成于 20 世纪六七十年代。这一组织的中枢性主要基于两点：其一是该组织具有良好的文化基础。哈卡尼网络的核心成员大多受过良好教育，60 年代，贾拉勒丁·哈卡尼以及许多主要的副职官员、战地指挥官都曾经在巴基斯坦最有名的大学接受教育。这一提升自身文化素质的举措，有利于将其理念和组织纪律很好地灌输给下级成员。⑤ 其二是源于贾拉勒丁·哈卡尼经过 30 多年努力，与朋友之间建立了密切关系网。

哈卡尼网络的中枢性还表现为它在几十年的地区冲突中扮演了调停者的角色，这有利于巩固哈卡尼网络在部落地区的主导地位。在巴基斯坦境内，由于部落之间休戚与共的关系、密切的私人交往以及注重实效的方法，使哈

---

① Steve Coll, *Ghost Wars*, New York：Penguin Books, 2004, p. 238.

② Don Rassler and Vahid Brown, "The Haqqani Nexus and the Evolution of al‒Qaeda", The Combating Terrorism Center at West Point, July 14, 2011, p. 7.

③ Ibid. .

④ Anand Gopal, "The Most Deadly US Foe in Afghanistan", *Christian Science Monitor*, 1 June 2009.

⑤ Don. Rassler and Vahid. Brown, "The Haqqani Nexus and the Evolution of al‒Qaeda", The Combating Terrorism Center at West Point, July 14, 2011, p. 10.

卡尼网络与当地激进分子之间相互依存，紧密配合。根据《纽约时报》记者朱巴尔·沙（Pir Zubair Shah）的报道，当毛拉（Mullah）手下成员或者北瓦济里斯坦的巴基斯坦塔利班指挥官进入阿富汗时，他们需要经哈卡尼网络的同意，并通过其进行协调。①

　　跨过边界进入阿富汗，哈卡尼武装仍然是阿富汗塔利班（Quetta Shura Taliban）的主要伙伴，原因有二：其一，哈卡尼网络是塔利班在阿富汗东南部施加权力、发挥全国性影响力的重要平台，两者出于各自的利益而形成了特殊关系。② 由于坎大哈低地部落间习俗迥异，加之大多数塔利班领导人来自帕克提亚的山区部落，所以上下级间很难融洽相处。哈卡尼网络与该地部落有着特殊的历史渊源，深受本地人的信赖，因而更能成功地解决当地问题。这使哈卡尼网络更能成为协调者，在当地发挥主导作用。其二，鉴于哈卡尼网络自身也拥有较强的军事实力，其军事实力被视为塔利班的武力后盾，支持后者在帕克提亚和其他地方的活动。

　　从南亚区域层面看，自 20 世纪 80 年代起，贾拉勒丁·哈卡尼成为巴基斯坦最钟爱的战地指挥官，他所提供的帮助对巴基斯坦的安全机构产生了很大的影响。这有利于巴基斯坦在联邦直辖部落区（FATA）执行军事行动，施加政治影响。巴基斯坦政府能通过哈卡尼网络实现国家利益：设法对付恐怖主义、接近巴基斯坦塔利班领导人、设计出对付 FATA 地区激进组织的最佳方案等。因此美国认为，巴基斯坦政府是哈卡尼网络的主要支持者和受惠者，并声称哈卡尼网络自抵抗苏联人侵阿富汗以来，一直充当巴基斯坦谋求国家长期利益的代理人。通过哈卡尼网络向巴基斯坦军事行动提供的情报支持，以及贾拉勒丁·哈卡尼与巴基斯坦当局各部门的关系，不难看出，哈卡尼网络对巴基斯坦的重要性，也不难理解为什么巴基斯坦不愿对其采取敌对行动。

　　从全球层面上看，基地组织与其他包括"伊斯兰圣战联盟"（Islamic Jihad Union, IJU）和"突厥斯坦伊斯兰党"（Turkistan Islamic Party, TIP）等恐怖组织都依靠并借重于哈卡尼网络。③ 苏联入侵阿富汗期间，为对付共同的敌人，哈卡尼网络、国外志愿军（war volunteers）和当地"自由斗士"结成联盟。贾拉勒丁在巴基斯坦的白沙瓦（Peshawar）、北瓦济里斯坦首府米兰沙阿（Miranshah）、阿富汗东南省份帕克提亚（Loya Paktia）建立主要基地，向阿富汗士兵、阿拉伯志愿者和巴基斯坦人提供武器及粮食，为袭击提供后

---

① Caroline Wadhams and Colin Cookman, "Faces of Pakistan's Militant Leaders", Center for American Progress, July 22, 2009.

② Don Rassler and Vahid Brown, "The Haqqani Nexus and the Evolution of al – Qaida", The Combating Terrorism Center at West Point, July 14, 2011, p. 11.

③ Ibid. , p. 14.

勤支援。[1] 20 世纪 90 年代，基地组织主要依赖哈卡尼网络提供发展空间而开展活动，针对西方发动一连串袭击。迄今为止，基地组织、伊斯兰圣战联盟和其他全球好战分子仍然把哈卡尼网络当作主要伙伴。

(四) 操作上的策略性

哈卡尼网络因采取"韬光养晦"策略而成为各派激进组织的调停者。由于阿富汗政治环境比较复杂，大多数武装组织都是实用主义者，哈卡尼组织鉴于自身的枢纽地位和各方利益，必须更加谨慎行事，事先估计自身行为的结果；深谙自身所处的地位、内外环境对自身的限制等因素。长期以来，该组织为了韬光养晦，采取了低调的姿态，包括限制自身的政治目标、不主动与其他激进组织争夺领导权、保持低调、尽量降低外界对自身的注意力等策略。与其他激进组织不同，哈卡尼网络无意控制整个阿富汗，而是寻求保持在帕克提亚和北瓦济里斯坦的独立地位及地方影响，同时为其他地方的圣战提供力所能及的援助。哈卡尼网络对自身的能力和地位似乎很自信，所以，不会过分关注外界对自身行为的认可度，其低调的特性也有助于解释为什么该组织能够成为各激进组织的调停者。

为了缩小活动范围和"9·11"事件之后的影响，哈卡尼网络有意识地把自己扮演成一个地方性组织，专注于本地事务。为了掩人耳目，向外界释放烟幕，该组织在和外界接触时非常注重策略，采取间歇性的接触方式，尽量掩盖与其他行为体的关系。

由于哈卡尼网络特殊的地理位置、组织的中枢性和自身的包容性以及恰当的战略方法，从而与许多组织建立了密切联系。事实上，哈卡尼网络比较突出和持久的特征是自身有能力并且愿意与各种领导、党派、国外支持者合作，把各种激进的竞争对手有效地纳入战略联盟中。这一平衡各方利益的灵活措施使哈卡尼网络在发挥影响的同时，仍然能够保持很强的凝聚力，将各种支持者聚集到一起。正如《华尔街日报》驻喀布尔记者阿南德·戈帕尔 (Anand Gopal) 所说，哈卡尼网络一直是巴基斯坦和基地组织重要的军事伙伴即是最好的例证，并且巴基斯坦政府、巴基斯坦塔利班运动或者巴基斯坦塔利班 (Tehrik – e – Taliban Pakistan or the Pakistani Taliban) 经常借助于哈卡尼网络相互讨价还价。[2]

---

[1]　Muhammad, Amir – Rana, *Jihad and Jihadi*, Mashal Books (Lahore), 2003.

[2]　Anand Gopal, Mansur Khan, Mahsud and Brian Fishman, "The Battle for Pakistan: Militancy and Conflict in North Waziristan", *Counterterrorism Strategy Initiative Policy Paper*, New America Foundation, April, 2010, p. 1.

三　美巴围绕哈卡尼网络产生的矛盾及主要原因

(一) 美巴围绕哈卡尼武装产生的矛盾

"9·11" 事件发生后，美国认为，本·拉登和他领导的基地组织应对袭击事件负责，并以阿富汗政府窝藏本·拉登为由推翻了塔利班政权，于 2011 年 5 月 2 日击毙了本·拉登。在基地组织遭受重创之后，美国把打击目标转向哈卡尼网络，将后拉登时代的多起袭击事件归咎于哈卡尼网络，并认为，巴基斯坦三军情报局暗中支持哈卡尼网络，将该组织视为实现国家利益的工具，该组织因此成为美巴争论的焦点。

其实，早在布什政府时期，美巴两国围绕哈卡尼网络产生的矛盾就初露端倪。美国声称有确凿证据表明，"巴基斯坦三军情报局实行'两面下注'的游戏"。报道称，美国截获了三军情报局与哈卡尼网络之间的交流信息，并坚持认为，后者制造了 2008 年印度驻喀布尔使馆袭击事件。但是，美国选取了其他处理方式，原因是美国在打击基地组织方面需要巴基斯坦的配合，为美国和北约驻阿富汗部队提供方便。[①]

本·拉登死后，阿富汗境内发生了一连串炸弹袭击事件：2011 年 7 月下旬，喀布尔国际酒店发生自杀性袭击事件，造成 18 人死亡；9 月 10 日，阿富汗瓦尔达克省的美国军营发生汽车炸弹袭击事件，造成 5 名阿富汗人死亡，77 名美国士兵受伤；13 日，美国驻喀布尔大使馆发生枪战，16 名阿富汗人死亡，其中包括 5 名警员和 6 名儿童。美国和阿富汗官员认为，这一系列袭击事件皆由哈卡尼网络所为，于是美军参谋长联席会议主席迈克·马伦与巴基斯坦陆军参谋长基亚尼举行会谈，敦促巴军方对哈卡尼网络采取行动，迈克·马伦遭到拒绝后回到美国，指责三军情报局利用哈卡尼网络在阿富汗发动代理人战争。同时，国防部长帕内塔 (Panetta) 发出所谓的最后通牒，称美国将在阿富汗"采取一切必要措施，以保护美国部队免受哈卡尼网络的袭击"。[②] 22 日，马伦在参议院军事委员会作证时发出最强硬声明，称"哈卡尼网络是三军情报局代理人之一，在三军情报局的支持下，哈卡尼网络策划和制造汽车弹炸事件，袭击美国使馆"。马伦声称，美国"有确凿证据证明三军情报局是国际酒店袭击事件的幕后支持者，同时也是许多小规模袭击事件的支持者……巴基斯坦政府和军方利用暴力极端组织作为外交工具的行为，

---

① Aqil Shah, "Mullen Takes on the ISI: Will Sharp Words Be Backed", *Foreign Affairs*, September 24, 2011.

② "Joint Chiefs Chairman Presses Pakistan on Militant Havens", New York Times, September 17, 2011.

不仅破坏了战略伙伴关系的前景，而且巴基斯坦以输出暴力的方式，实现国家利益也会损害自身在该地区的形象，危及在该地区的安全和地位，最终损毁自己的国际声誉，阻碍经济的发展"。与之持同一立场的帕内塔也补充说，美国首先要做的事情是"尽可能地向巴基斯坦施加压力"。[1] 美国军方两名高级官员的发言表明，美国日益不能容忍巴基斯坦的行为，因为美国认为巴基斯坦在玩"两面下注"的手法，部分极端官员甚至要求立即终止对巴基斯坦的援助，并修改从阿富汗撤军的计划。

当然，并不是所有美国政府官员都公开支持马伦的指控，部分人认为，巴基斯坦对哈卡尼网络缺乏足够控制力，马伦的言辞遭到国内部分人士批评。据报道，美国国家安全署调查了马伦的书面证词，但并未否定其内容。[2] 随后，奥巴马就三军情报局和哈卡尼网络的关系声明说，他认为，"情况不像马伦所说的那样清楚，但不管怎样，巴基斯坦应该认真对待这个问题"。在接下来的记者招待会上，总统承认巴基斯坦在打击塔利班方面做出了重要的贡献，但同时指出，巴基斯坦对美国打击塔利班的反恐战争持矛盾心理，说明巴基斯坦和个别恐怖主义组织有联系。[3]

针对美方的指责，巴基斯坦做出了强烈的外交反应，对美国的指控提出抗议，否认支持或控制哈卡尼网络。一位不愿透露姓名的军事将领说，美国和阿富汗"不应该指责巴基斯坦，而应该对巴阿边境靠近阿富汗一侧地区的恐怖主义采取行动"。[4] 巴基斯坦外交部发言人不愿就巴基斯坦与哈卡尼网络之间的关系作任何解释，但是，巴军方称马伦的发言"毫无根据，有失偏颇"[5]，同时否认巴基斯坦进行代理人战争或者支持哈卡尼网络。巴基斯坦外长哈尔（Khar）警告说，美国此举"将导致面临失去盟友的危险"。她表示，美国高级官员公开指责、羞辱"一个盟友、一个伙伴"，"令人无法接受"。[6] 巴基斯坦总统扎尔达里对《华盛顿邮报》专栏记者说，美国对巴基斯坦的外交攻击"破坏了美巴双边关系，美国应该停止攻击，通过真诚对话解决彼此间的分歧"。[7] 据报道，陆军参谋长基亚尼也于2011年10月中旬警告说，美国"今后在巴基斯坦领土采取任何军事突袭行动前必须三思而后行"。[8] 针对美方过激言论，《国家》《黎明》等巴基斯坦主流媒体批评指出，"经过十年

---

① 张力：《反恐矛盾对美巴关系的新挑战》，《南亚研究季刊》2012年第3期，第4页。

② "Mullen's Pakistan Remarks Criticized", Washington Post, September 28, 2011.

③ "Obama: Pakistan Must Sort Out Haqqani 'Problem'", Agence France Presse, September 30, 2011.

④ K. Alan Kronstadt, "Pakistan – U. S. Relations: A Summary", Congressional Research Service, October 21, 2011, p. 21.

⑤ Ibid. .

⑥ "Pakistan Not to Blame for Afghan Violence: Officials", Reuters, September 19, 2011.

⑦ Asif Ali Zardari, "Talk To, Not At, Pakistan", *Washington Post*, October 2, 2011.

⑧ "Pakistan Warns US Over Unilateral Military Action", BBC News, October 19, 2011.

而未取胜的反恐战争之后，华盛顿试图靠指责巴基斯坦来解脱美国领导人和军方的尴尬处境。如果美国无法逆转在战场上的颓势，势必不断向伊斯兰堡加码，最终会将在阿富汗的失败归罪于巴基斯坦"。①

（二）美巴围绕哈卡尼网络冲突的主要原因

为什么产生于 20 世纪 70 年代的哈卡尼网络到现在才对美巴关系产生如此大的影响？从国际环境来看，"9·11"事件以来，非国家行为体（尤其是跨国恐怖主义组织）改变了国家是唯一行为体的理论，成为"非传统国际格局"中的重要因素，日益对亲疏冷热、分离聚合的国家间关系产生重大影响。它在使大国之间从对抗走向对话、从紧张走向缓和的同时，也加剧了大国与跨国组织所在的中小国家间的紧张关系。② 新自由主义者也认为，"冷战"结束后，主权国家不再是国际关系的唯一行为体，包括恐怖主义组织在内的各种非政府行为体日益凸显，并在一定程度上改变了大国的国家安全战略。根据美国《国家安全战略报告》，美国认为，其潜在威胁不再是来自"侵略性国家（the conquering country），而是来自衰败国家（the failed country）"。③ "美国面临的严重危险在于极端主义和技术的结合"，其最优先的重点是铲除全球恐怖主义组织和庇护恐怖主义的政权，称"反恐"战争是"在多条战线上对付琢磨不定敌人的持久战"。④ 因此，美国本土安全战略已由"冷战"时期对苏联的遏制转向打击恐怖主义，以及对支持恐怖主义的政权采取"先发制人"的打击。基于这样的认知，美国发动了阿富汗战争、伊拉克战争，并击毙了基地组织头目本·拉登。在反恐战争取得阶段性胜利后，美国又将矛头指向哈卡尼网络，该组织因此成为美巴关系的焦点，对两国关系产生重要影响。

从美巴双边关系来看，美国越境击毙拉登凸显美巴关系缺失。美国认为，本·拉登是策划"9·11"等一系列恐怖袭击事件的元凶，因此，在发动阿富汗战争和伊拉克战争的同时，从未停止对拉登的追捕。美国在事先未明确知照巴基斯坦的前提下，2011 年 5 月 2 日于阿巴塔巴德击毙拉登，并要求巴方就是否知道拉登藏身其军事重镇一事做出解释。如果巴基斯坦知道则被扣上"窝藏恐怖分子"的帽子；反之则是巴基斯坦反恐无力。与此同时，美方部分议员要求就巴基斯坦的反恐支持进行评估，过激人士甚至要求终止对巴基斯坦援助。在美国施压的同时，巴基斯坦政府和军方也遭到来自本国民众的猛烈批评：他们认为，如果巴基斯坦政府和军方知道美方的越境突袭行动

---

① 张力：《反恐矛盾对美巴关系的新挑战》，《南亚研究季刊》2012 年第 3 期，第 5 页。
② 刘江永：《可持续安全要靠王道而非霸道》，《世界经济与政治》2011 年第 8 期，第 122 页。
③ "The National Security Strategy of the United States of America", September 2002, 1.
④ Ibid. .

的话，则是置国家主权于不顾；反之则是无力保卫巴基斯坦的领土主权不受侵犯。不管知与不知，巴基斯坦政府和军方都遭到来自美国和国内的双重质疑和批评，被置于极度尴尬的境地。面对美国的压力，巴基斯坦总统、总理和陆军参谋长发表了措辞强硬的讲话，要求重新审视美巴关系、宣布将美驻巴基斯坦部队减少到最低水平、禁止美国无人机在巴基斯坦越境打击并以切断北约运输线相威胁等声明。巴基斯坦媒体甚至曝光了美国在巴基斯坦中情局人员名单，民众层面则接连不断地爆发了反美示威运动，致使美巴关系降到"9·11"事件以来的最低点。

总体来看，巴美之间的一系列安全与外交危机并非偶然，而是由双方的认知分歧和利益冲突所决定。一方面，美国计划2014年从阿富汗军事撤出，阿富汗的稳定与重建急需巴基斯坦的支持，因此，必然对巴基斯坦采取"胡萝卜加大棒"政策。另一方面，巴基斯坦在与反恐有关的问题上有自身的国情和特定的国家利益，从而决定它不可能完全依附美国的战略。维系美巴反恐伙伴关系的基础只是利益的结合，相互之间缺乏信任，因此危机必然产生。[1]

四 美巴关系的前景

尽管美巴围绕哈卡尼网络争吵不休，不过，在经历了这场口水战之后，两国态度渐趋理性，双方均认识到彼此关系"极为重要，难以承受关系破裂的代价"。[2] 为了修复严重受损的双边关系，美国前国务卿希拉里和参谋长联席会议主席马伦一反常态，亲自前往巴基斯坦访问。希拉里承认"巴基斯坦在打击塔利班和基地组织的战斗中付出了巨大的牺牲"，但也敦促"扎尔达里政府采取果断行动打击恐怖主义"。[3] 至此，美巴两国关系逐渐趋于缓和，原因在于两国相互有所需求，相互借重。从美国方面来看，首先，巴基斯坦作为美国反恐的前线国家，其地缘战略的重要性尚未发生改变，仍然是美国向驻阿美军输送战略物资的必经之路，其50%以上的物资需从巴基斯坦卡拉奇港经陆路到达阿富汗。[4]

其次，巴基斯坦是美国反恐战争不可或缺的盟国，尤其是美军分期撤出阿富汗，把权力交给阿富汗政府后，美国认为，哈卡尼网络会在阿富汗制造更多麻烦。为了避免这种情况的发生，美国认为，美巴关系极为重要，因为巴基斯坦能够对哈卡尼网络施加一定影响。[5]

---

① 张力：《反恐矛盾对美巴关系的新挑战》，《南亚研究季刊》2012年第3期。
② 杨文静：《后拉登时代美巴关系探析》，《现代国际关系》2011年第6期。
③ Faiz Sobha, "U. S – Pakistan: a perilous partnership", *Dhaka Courier*, 2011 (3): 14.
④ 杜冰：《"哈卡尼网络"成为美巴关系的焦点》，《国际资料信息》2010年第10期，第40页。
⑤ Ahmad Al Khatib, "Pakistan and the Armed Factions: Proxy Wars", *Reports*, October 25, 2011.

　　最后，巴基斯坦是唯一拥有核武器的伊斯兰国家，使美国不愿终止两国之间的合作关系。为了抵消印度常规军力的优势，增加在国际政治中的发言权，巴基斯坦寻求发展核武器，现在这一目标已实现，美国不愿意冒巴基斯坦使用核武器的风险。同时，美国更担心大规模杀伤性武器落入敌人——甚至恐怖分子之手。基于此，美国更愿意和巴基斯坦保持一定水平的合作。①

　　从巴基斯坦方面来看，巴基斯坦也无法离开美国的支持。其一是美国提供的军事装备及相关培训可以提高军队素质，弥补与印度逐渐拉大的军力差距。② 其二是美国的经济支持至关重要，巴基斯坦经济凋敝，每年20亿美元左右的援助对巴基斯坦非常重要（见表2）。美国也清楚地意识到这一点，并向巴基斯坦提供援助，旨在建立一种不对称的相互依存关系，让巴基斯坦处于从属和依附地位。③ 如果美国继续向巴基斯坦施加更大的压力，很难保证巴基斯坦不会对美国采取边缘政策（brinkmanship），以获得美国政治上的让步、经济上的补偿。巴基斯坦会对美国做出一定程度的妥协，但不会完全切断和哈卡尼网络的关系。就目前来看，巴基斯坦可能会象征性地在北瓦济里斯坦发动军事行动，但不会以哈卡尼网络为目标，更不会消灭哈卡尼网络。

表2　　　　　　　　2002—2014 财年美国对巴基斯坦援助拨款和军事援助

单位：百万美元

项目或账目	2002—2005财年	2006财年	2007财年	2008财年	2009财年	2010财年	2011财年	2012财年	2012财年（巴方要求）	2013年	2014年	2002—2014财年总额
合计*	6594	1800	1703	2043	3041	4462	2444	1000.5	2965	1071.3	8576	25016.4

　　注：*各项资金包括以下项目：禁毒资金（Counternarcotics Fund）、联盟援助资金（Support Funds）、儿童存活与健康（Global Health and Child Survival, or GHCS, from FY2010）、发展援助、对外军事援助（Foreign Military Financing）、人权与民主资金（Human Rights and Democracy Funds）、国际灾难援助（International Disaster Assistance）、国际军事教育和培训（International Military Education and Training）、国际毒品控制和法律实施（International Narcotics Control and Law Enforcement）、移民和难民援助（Migration and Refugee Assistance）、核扩散、反恐和清除地雷等（Nonproliferation, Anti-Terrorism, Demining, and Related）、巴基斯坦反暴动资金（Pakistan Counterinsurgency Fund/Pakistan Counterinsurgency Capability Fund）等。

　　资料来源：U. S. Departments of State, Defense, and Agriculture; U. S. Agency for International Development. Final obligation and disbursement totals are typically lower than program account totals。

① 安高乐：《论美国与巴基斯坦的反恐合作机制、过程与成效》，《西南石油大学学报》2012年第1期，第30页。

② 杜冰：《"哈卡尼网络"成为美巴关系的焦点》，《国际资料信息》2010年第10期，第40页。

③ Ahmad Al Khatib, "Pakistan and the Armed Factions: Proxy Wars", *Reports*, October 25, 2011, p. 4.

五　结语

　　哈卡尼网络由反对阿富汗达乌德政权产生，因抵抗苏联入侵阿富汗发展壮大，并于"9·11"事件之后持续发展。由于该组织具有隐形一极的特征、地理位置上的特殊性、组织上的中枢性和恰当务实的战略方法四个特点，所以，能够在几十年时间持续发展壮大。后本·拉登时代，哈卡尼网络日益成为美巴关系中的一个重要变量，美国和巴基斯坦为之摩擦不断，但彼此关系却斗而不破，原因在于双方都需要在反恐方面相互借重。一方面，美国需要巴基斯坦给予后勤、情报支持和军事行动方面的支持，难以承担美巴关系破裂的代价。因此，为了确保继续支持美国的战略，美国必然采取"胡萝卜加大棒"的对巴政策。另一方面，巴基斯坦有自身的具体国情和特定的国家利益，不可能完全依附美国的战略。但是，巴基斯坦需要美国的经济援助，并在必要时借助美国向印度施加一定的压力。因此，尽管美巴关系龃龉不合，但不会破裂，双方关系会达成一定妥协。而巴基斯坦会向美国做出一定的让步，但同时会保持和包括哈卡尼网络在内的阿富汗激进组织之间的关系。

纳瓦兹·谢里夫政府领导下的
巴基斯坦现状分析

[巴基斯坦]古拉姆·阿里　[巴基斯坦]埃贾兹·侯赛因

　　巴基斯坦第 12 届换届选举于 2013 年 5 月举行，纳瓦兹·谢里夫领导下的穆斯林联盟谢里夫派（PML‑N）在该届选举中取得了压倒性胜利。随后，他组建政府并历史性地第三次当选为巴基斯坦总理。本文试图从内、外两方面审视其政府在此期间的表现。为此，特进行简要的背景介绍以便读者了解纳瓦兹取得政权的手段以及其手段是如何对政府产生影响的。

　　2008 年 2 月选举之后，巴基斯坦人民党（PPP）成立了政府并于 2013 年结束任期。分析人士称其为该国历史性的时刻，因为这是巴基斯坦第一个由民主选举产生且任满五年的政府。[①]根据日程安排，选举定于 2013 年 5 月举行。据巴基斯坦选举委员会（ECP）透露，该国共有 4671 位候选者在全国范围内竞争 272 个国民议会（NA）席位。这其中为女性保留的 60 个席位，收到了 258 位竞聘者的申请。有趣的是，2013 年选举曾发生过历史性的 216 个党派同台竞争的局面。[②]首先，由于主要政党缺乏兴趣，海外巴基斯坦人无法投出手中选票，这主要是由于这些政党担心多数海外投票会流向方兴未艾的巴基斯坦正义运动党（PTI）。其次，选举采用的是过时的人工计数方法进行的，违背了采用电子投票系统的大众需求。以上纰漏或多或少地影响到了选举的公正性。不过，尽管存在以上种种缺陷，但选举仍然顺利举行。

　　最终选举结果显示，穆斯林联盟取得了压倒性的胜利，共赢得国民议会（下院）166 个议席的投票。紧随其后的巴基斯坦人民党赢得了 44 个席位的投票，巴基斯坦正义运动党赢得了 35 个席位的投票，其他党派和独立候

　　[作者简介] Dr. Ghulam Ali holds a Ph. D from Monash University, Australia. Currently, he is Postdoc Fellow at Center for Pakistan Studies, Peking University. Dr Ejaz Hussain holds a Ph. D in political science from the University of Heidelberg. He has authored a book titled, *Military Agency*, *Politics and the State in Pakistan* (2013). Currently, he is an assistant professor of political science at the Department of Social Sciences, Iqra U‑niversity, Islamabad. He can be reached at ejaz. hussain@ iqrabisb. edu. pk.

　　① *CNN*, March 17, 2013, http: //edition. cnn. com/2013/03/17/world/asia/pakistan‑politics/.

　　② http: //www. eastasiaforum. org/2013/12/20/successful‑elections‑point‑pakistan‑in‑the‑right‑direction‑in‑2013/.

选人占据了剩余的 99 个席位的票数。统计结果显示，穆斯林联盟得到了 14874104 票，巴基斯坦正义运动党得到了 7679954 票，巴基斯坦人民党得到了 6911218 票，由此分别成为普选投票所选出的前三大党派。据巴基斯坦选举委员会透露，本届选举选民投票率令人振奋，共有 55.02% 的登记选民投出了自己的一票，是自 1970 年与 1977 年选举后投票率最高的一届。①

以上为谢里夫政府的政治进程及选举背景。本文试图评估其政府在以下四个不同层面的表现，分别是：（1）体制和政治表现；（2）社会经济表现；（3）政府管理绩效；（4）外交政策表现。本文分为四个部分，每一部分分别着重阐述对应层面。基于此，作者主要依靠定性法完成本文写作，因其能够有助于更有效地分析零碎的数据。此外，本文还引用了一手及二手来源的数据。

一 体制和政治表现

本文在这一部分论析了谢里夫政府的政治和制度绩效表现，目的在于分析政治参与、法治、民主化以及政治组织是否已经以定性或其他方式得到改善。如前文所述，这一进程自 2013 年 6 月政府正式组建开始，直至规定时间结束。确切地说，本文将把重点放在现任政府执政当权的两年之内。

（一）式微的国家法令

首先，在本文进行分析的时间段内，巴基斯坦在武力使用方面的支配地位已经接连受到了来自诸多恐怖组织、武装派系、民族主义叛乱分子、武装贩毒分子以及勒索者的严重挤兑。此类组织及武装团体通常从拥有南、北瓦济里斯坦的联邦直辖部落地区发起其行动。然而，其蛰伏部队却主要位于如卡拉奇、拉合尔、奎达、拉瓦尔品第和白沙瓦这类大中心城市。近来，针对什叶派资深成员的自杀式炸弹袭击和攻击在该国的一些城市均有所发生。换言之，该国的国家法令一方面不断地受到来自部落地区的挑战，另一方面也受到来自巴基斯坦其他地区，如塔利班的挑衅。2014 年 3 月，纳瓦兹·谢里夫政府着手与塔利班开展和谈，但未能达到预期效果。随后，巴基斯坦军方于 2014 年 6 月在北瓦济里斯坦启动了针对哈卡尼网络的 Zarb-e-Azb 行动。在此军事行动之后，当地形势开始好转。

此外，巴基斯坦人民对于国家认同的概念非常模糊。该国司法系统是运行在英国的法律体系之上的。这使亲伊斯兰政党如伊斯兰大会党一方面质疑国家对西方模式议会民主制的依赖，另一方面也质疑在这样一个极其分化的社会中它们能否合法化存在。"9·11"事件后，该国人民对于身份的关注进

---

① For details see Election Commission of Pakistan website at http：//ecp. gov. pk/GE2013. aspx.

一步加强，该国亲宗教政党和伊斯兰激进组织如巴基斯坦塔利班分支组织纷纷诉诸强制手段以迫使社会和国家从语言和精神上遵循伊斯兰教教义。此外，俾路支省和信德省的民族主义势力，如信德联合阵线（Jay Sindh Mahaz）已经发起了具有倾向性的政治运动，以此确保人民对其文化和政治的认同。具有讽刺意味的是，巴基斯坦居然以该国的宗教认同来抗衡地方和省一级的世俗族群。2013 年至今，某些反对少数族裔的宗派主义组织得到蓬勃发展。因此，在俾路支省的部分地区，出现了哈扎拉族这样的少数族裔的什叶派穆斯林被锁定为攻击目标的行为（可汗，2006）。

巴基斯坦是一个穆斯林人口占据压倒性比重的国家，穆斯林人口占总人口的 96.4%。其少数宗教团体包括基督教徒、艾哈迈德派教徒、印度教徒和锡克教徒。穆斯林在该国被分成不同的派别，如逊尼派和什叶派。曾经一段时间当纳瓦兹总理执掌的政府无力掌控该国宗教发展的时候，什叶派穆斯林和逊尼派之间的态势不降反升。

（二）地方机构系统

各省级政府修改了 2001 年版地方政府条例。由此，旁遮普省和信德省的地方政府选举已经推迟。更为重要的是，开伯尔·普赫图赫瓦省最近举行的地方机构选举引起了其反对党派，甚至是执政党巴基斯坦运动组织（PTI）的争论，而后者呼吁在地方一级也要客观地调查选举舞弊行为。

此外，政府官僚在县一级具有绝对话语权，在公共服务方面却做得非常差。约 52% 的巴基斯坦人无法使用到卫生设施，而 80% 的人无法获得安全的饮用水。官僚机构被视为高度政治化的机构，而公务员则充当联邦和省政府的代理。在南部旁遮普省、信德省和俾路支省的某些地方，村务委员会制度继续与司法系统平起平坐，私设公堂，很多时候判罚严酷。政府既没有做出任何努力以改革地区行政管理，也没有为其提供足够的资金用以提高卫生、教育等基础设施水平。

（三）政治参与

巴基斯坦每五年举行一次选举，选举出联邦和省议会成员。然而，军队连续干政使这一进程陷入停滞。当地人民同样也选举出了当地政府在县、乡和联盟理事会级别的成员。在此期间，虽然暴力事件时有发生，但总体而言选举仍然得以顺利进行，尽管以伊姆兰·汗为首的巴基斯坦正义运动党（PTI）始终在抗议，并一次又一次地指责司法机关和选举委员会在 2013 年选举中大规模舞弊。

巴基斯坦正义运动党领导人要求在拉合尔的四个选区重新计算选票。为了迫使政府重新计票，伊姆兰·汗与塔希尔·卡德里博士共同在国民议会门前静坐示威。一份调查涉嫌在 NA—122 中舞弊行为的司法委员会初步报告显示，投票过程中多次出现违规行为。值得一提的是，巴基斯坦的开国元勋所设想的国家应该是依靠议会民主制运行的，在此制度之下，公民能够选择自己的代表来履行权力。虽然国民议会是针对不同政策问题进行讨论和立法的论坛，真正负责执行这些决定的却是国家的行政机构。尽管如此，国防和安全问题方面的决定却是由其他机构做出。曾经在巴基斯坦人民党执政时期（2008—2013 年）受挫的军事力量如今也似乎要东山再起。一方面是由于纳瓦兹政府并未针对国家核心问题采取积极的姿态，军方因而有更多的空间以介入外交政策问题。2014 年 12 月白沙瓦事件发生，156 名学生和教职工遭恐怖分子杀害，之后，军方开始敦促立法机关修改宪法，设立军事法庭。

然而，巴基斯坦伊斯兰共和国 1973 年《宪法》第 17 条赋予个人的关联权限受到该国法律对保护国家和领土完整所施加的限制。巴基斯坦大部分地区比较维护结社和集会的自由。巴基斯坦社会充满活力，有代表不同群体利益组织的协会。这些协会包括工会、学生会、律师协会、农民组织、记者和慈善组织的工会等。虽然偶尔会与执法机构产生冲突，这些协会仍然能够自由地在政府门前示威。然而，这种自由却没有惠及该国异议人士。巴基斯坦正义运动党与巴基斯坦人民运动党 2014 年在伊斯兰堡的静坐示威活动中，当示威者试图闯进总理房间时，当局宣告了紧急状态，并以武力阻止人们前进。结果三名巴基斯坦人民运动党成员及一名巴基斯坦正义运动党成员不幸遇难，另有 500 人严重受伤。

此外，巴基斯坦 2013 年至今，在言论自由方面的情况喜忧参半。虽然巴基斯坦拥有新闻自由，但这种自由受到了政府不同政策的限制。政府在 2014 年停止了 ARY 电视台反政府立场的现场直播，并封杀了一位现场秀节目记者穆巴沙·鲁格曼，在 2014 年 4 月停止了对 Geo 电视台的转播，并处以 1000 万卢比的罚款，惩罚其诋毁国家机关的行为。穆斯林联盟谢里夫派政府还一意孤行，叫停了反政府的报纸和电视频道的广告。2013 年至今，巴基斯坦一直是对记者而言最为危险的地区。2013 年共有 13 名记者在该地遭遇不测，2014 年则有 14 名记者遇害。遇害记者数量在过去两年里继续增加，巴基斯坦因而登上了最危险国家名单的首位。提供对记者的保护似乎没有成为当前政府首要任务。此外，穆斯林联盟谢里夫派政府还在继续推行自 2012 年 9 月以来由巴基斯坦人民党政府所推行的 YouTube 禁令。

（四）法制情况

从历史角度来说，分权概念在巴基斯坦是日渐式微的。在大多数情况下，该国的行政机关是政府政策制定和政策执行的主要仲裁者，不论政府是以总统选举还是议会形式出现均是如此。因此，总理有权干预立法机关。在 2013 年，巴基斯坦最高法院在首席大法官伊夫蒂哈尔·乔杜里的领导下侵蚀了政府行政和立法部门的权力。然而，事实证明，这是一种异常而非正常现象，因为前首席法官在一场反对巴基斯坦人民党的大规模运动中重新上任，而人民党又不希望其复任。2013 年，首席法官以一种与民主准则和权力分立原则相违背的方式出现在公众面前，既展示了他的德行，又表露了他的狂妄，却唯独没有体现出宪政来。他曾为穆斯林联盟谢里夫派政府效力，最高法院一再干预本应属于行政当局的事项，如制定不同商品的价格，并迫使政府指派任命不同机构的负责人。分权制衡原则在巴基斯坦不过是一纸空文（里兹维，2012）。

2013 年，乔杜里还在担任最高法院的首席大法官，在此期间，该国多次出现司法机关越级行为。司法能动主义是 2013 年期间该国司法机关的一大特点，有人称为准司法专政（侯赛因，2015）。法院首席法官在此期间采取了多次行动。然而，问题的本质是，财政腐败、司法不完备与低效已成为巴基斯坦司法机构的一大特色。这也是国家法令效力不断遭到侵蚀以及部落法庭不断延续的主要原因。2013 年是首席大法官伊夫蒂哈尔·乔杜里在任的最后一年，在这一年，他采取大量激进的做法，加大了司法机关的工作量，提高了工作效率。2013 年 1 月，国家问责部（NAB）主席布哈里上将指责巴基斯坦司法机构，并称其为该国最腐败的机关。他说，在其拒绝接收一名由最高法院指派的人之后便收到了法院送来的蔑视法庭罪传票。值得注意的是，腐败事件和裙带关系在该国基层司法机关中更为盛行。此外，司法机关已经无法深究如穆沙拉夫审判这类事情了（《导报》，2014 年）。

在巴基斯坦，强权贵族犯下滔天罪行而不受惩罚的事例已习以为常。腐败和滥用职权是巴基斯坦的通病，而涉事人员大多不会受到惩处。不过，该国的国家问责部（NAB）还是有成功案例的。在卡马尔·扎曼·乔杜里的领导下，国家问责部在 2013—2014 年 11 月期间成功地追缴了 40 亿卢比的拖欠款项。在此期间，该部门还批准了 767 个质询并提交了 152 项对质。国家问责部正在无所畏惧地调查腐败和滥用职权案件。然而，并不是所有涉及滥用职权的案件都会受到国家问责部追责。大多数情况下，案件均被提交至各县、省级反腐败机构，而在那些地方，徇私和贿赂才是主流。2014 年，巴基斯坦的清廉指数在 175 个国家中排在第 126 位，2013 年则在 177 个国家中排在127 位。腐败已经在巴基斯坦社会从上到下横行，以至于每天该国几乎都会因为肆无忌惮的腐败损失约 120 亿卢比。出于个人利益的职权滥用已经成为巴基斯坦的一个常态。

巴基斯坦对人权的保护在 2013—2014 年有所削弱。其中，既有警方案件及出于政治动机的事件，也有种族和宗派暴力事件等。政府未能有效地遏制安全机构的权力，而这些安全机构甚至能在没有任何权力的情况下关押平民。此外，2014 年，巴基斯坦位列 2014 全球公民权利情况最糟糕的国家第四位。因此，就分析结果来看，谢里夫政府过去两年在公民权利的各个方面所做出的努力都是不及格的（《人权观察》，2015 年）。

（五）民主体制的稳定性

在穆斯林联盟谢里夫派政府执政两年后，大多数巴基斯坦人都在问的一个问题便是，民主体制是否适合巴基斯坦这样的国家？民众之所以疑问，最明显的原因便是当前的民主未能履行其竞选期间做出的承诺。巴基斯坦过去两年几乎所有的决定都没有经过国民议会或是参议院足够的审议。财务决策（如向世界货币基金组织贷款或是上浮国债）时刻影响着国家的经济健康，人民代表却没有足够的参与。从政府内部来说，政府机构各方基本上都缺乏有效的民主进程，穆斯林联盟谢里夫派政府并未对下院成员提交的法案给予足够的重视。自2013年6月起，已有58份个人成员的议案提交（PILDAT, 2014）。该国的司法机关和行政机关长期冲突，省议会表现也一样。

此外，颇为讽刺的是，各政党及其领导人，民间组织和活动人士在理念及规范层面上均是支持民主的。政治活动家和党组成员要求参与决策和问责，但自2013年至今，人民代表没有做出具体努力以促使民主理念融入巴基斯坦的政治。在联邦和省一级，领导们根据自己的喜好肆意妄为、滥用权力，并要求各级下属不加批判地接受所有由他们做出的决定。他们结党营私、公器私用，以至于最后无法对此进行追责。此外，巴基斯坦正义运动党和巴基斯坦人民运动党在伊斯兰堡并未表现出对民主体制足够的尊重，这其中前者呼吁对该国的政治进行直接的"裁断"。然而，陆军参谋长拉斐尔·谢里夫却在政府与反对派之间扮演着仲裁者的角色。此外，总理几乎缺席所有国民议会和参议院的辩论，足可见他无心建设民主体制。然而，具有讽刺意味的是，总理向议会求授以期得到其对于巴基斯坦正义运动党及巴基斯坦人民运动党的政治支持，但这一做法也可能仅仅是个例外而非常态。

（六）政治与社会融合

巴基斯坦实行多党制，三个在全国范围内拥有代表的主要政党分别是穆斯林联盟谢里夫派（PML-N）、巴基斯坦正义运动党（PTI）以及巴基斯坦人民党（PPP）。巴基斯坦正义运动党是最新加入巴基斯坦政治格局的新生力量。此外，该国也有几个基于种族的地区政党，如人民民族党（ANP）、Muthidda Qumi Movement（MQM），以及俾路支省民族主义党（BNP）。主要的宗教政党还包括Jamat-i-Islami（JI）、Jamiat Ulma-e-Pakistan（JUP）。伊斯兰政党的追随者大多居住在城市地区以及开伯尔·普赫图赫瓦省。除巴基斯坦正义运动党和JI之外，其他政党并不会进行党内选举。穆斯林联盟谢里夫派则是专属于谢里夫家族的。巴基斯坦人民党自其创立初始便有着世袭的领导人人选，即以来自拉尔卡纳的布托家族为首的领导候选人。多数党派是依靠其个性，而非成绩而得到人们的选票的。这种缺乏以事实为导向的政治主要是缘于巴基斯坦国家和政治机构的糟糕表现。该国的民主体制要想扎根就必须拥有一个强大的政党制度。巴基斯坦恰恰缺乏这样一个充满活力而又正确的政党制度来保护系统免受外部的压力。

此外，巴基斯坦还有各种不同的利益集团，他们在不同层级上发挥着不同的力量。该国还有很多民间组织、宗教团体，以及学生组织和劳工工会，共同致力于维护其成员的利益。民间社会组织还包括巴基斯坦人权委员会（HRCP），该委员会是由境外投资，并声称是为了个人的权利而奋斗。同样地，儿童权利保护协会（SPARC）致力于保护儿童的权利，也由外国投资。此外，许多团体也声称为捍卫妇女的权利而努力。所有这些团体都有着其自身的目的来推动其行为。2013 年至今，大部分利益团体和民间社会组织在旁遮普省和信德省不受限制地展开工作。然而，在 FATA，俾路支省和开伯尔·普赫图赫瓦省的一些地区，其成员人身受到威胁，活动因而受到了限制。事实上，许多属于不同非政府组织的治疗小儿麻痹症的工作人员均遭受到人身攻击。

巴基斯坦立法发展和透明度研究所（PILDAT）的一项调查报告显示，2013—2014 年期间，巴基斯坦 67% 的人口都认为民主制政府是巴基斯坦政府所能采纳的最好形式。然而，报告显示，19% 的巴基斯坦人民认可军政府统治，俾路支省和开伯尔·普赫图赫瓦省 54% 的人认为，民主体制能够满足人民的需求。但在信德省，人们对巴基斯坦的民主持悲观态度，并认为该系统在当前情况下并不适用。而在旁遮普邦，则是多数人支持民主体制。政府由人民党向穆斯林联盟谢里夫派的和平过渡被认为是巴基斯坦历史上的一个里程碑，它向人民提供了一个机会来评估巴基斯坦的民主体制及其表现。因此，迄今为止，政府在这方面并未取得显著的成就。

还有一点需要注意的是，巴基斯坦社会资本概念尚未完全明晰。社会资本可在必要的时候通过当局者与全国人民的共同努力来最终实现造福国家的宏伟目标。在某种程度上，其可以被称为国家主义，且可存在于国家和社会层面之上。由于巴基斯坦人民普遍不理解社会这一概念，因此，也就无法积聚与之相关的利益。从这一方面来看，较为明显的就是教育机构一般不教育孩子社会资本带来的好处。在巴基斯坦，社会资本是通过家族关系网以及种姓结构（biradri）所贡献的。不过，有时某些社会资本也是普遍适用的，如在 2013 年的洪灾中，民众纷纷立即赶赴现场营救灾民。在这方面，艾德希基金会可以说是最为杰出的榜样。然而，人民在面对不同问题时仍然会有缺乏合作的情况发生。虽然说有创建诚信医院的个例，但谢里夫政府在为此类事件群策群力筹款上也乏善可陈。

二　社会经济表现

在以上部分剖析谢里夫政府的体制和政治表现后，笔者将试图通过下文来对本文前期准备期间该国社会和经济指标进行实证分析。

（一）社会经济障碍

社会经济的障碍已经严重破坏了巴基斯坦的经济。2013 年的洪水冲毁了数百万英亩庄稼和基础设施。然而，巴基斯坦的国内生产总值增长速度却意外加快，从 2013 财年的 3.7% 上升至截至 2014 财年 6 月 30 日的 4.1%。巴基斯坦得到了发展合作伙伴的帮助，以及来自欧洲债券的 20 亿美元资助。这一举措使得卢比趋于稳定，并增加了外汇储备。亚洲开发银行已经修订了 2015 年度巴基斯坦的经济增长预测至 4.2%。

表 1　　　　　　　　　　　经济绩效表现

年份		2011	2012	2013	2014	2015
GDP	MYMm	210741	231182	238001	236620	—
GDP 增幅	%	3.0	4.2	3.7	4.0	4.2
通货膨胀率	%	11.9	9.7	7.7	8.7	5.8
失业率	%	5.6	6.0	6.6	5.29	—
工公共债务	占 GDP 比例,%	60.3	62.1	63.1	65.9	62.0
外债	MYMm	60181.8	54500	52430.1	72000	—
税收	占 GDP 比例,%	9.3	9.8	8.5	8.9	11.5
教育公共支出	占 GDP 比例,%	2.2	2.1	1.8	1.9	2.1
军费开支	占 GDP 比例,%	3.3	3.5	3.5	3.4	2.54

资料来源：《巴基斯坦经济调查》（2013—2014，2014—2015）。

2013 年联合国人类发展指数显示，巴基斯坦在参与排名的 187 个国家中位列 146 名，与之前一年的排名相同。2013 年的洪水以及大量北瓦济里斯坦地区反恐战争所带来的流离失所者使得政府疲于应对。在 2014 年，北瓦济里斯坦的流离失所者人数达到了 80 万人，近 60% 的巴基斯坦人每天的生活费低于两美元。根据巴基斯坦统计局公布的一份报告，2013 年巴基斯坦的识字人口率增长了两个百分点，从 2012 年的 55% 增长到了 2013 年的 57%。旁遮普省的成人识字率最高，达到 59%，而俾路支省最低，仅为 39%。巴基斯坦各省之间也存在一定的差距，其中旁遮普省最为发达，俾路支省和联邦直辖部落地区最不发达。这些差距已经使俾路支省和联邦直辖部落出现分裂倾向。这些地区的安全问题仍然使得政府无所作为。

（二）市场竞争力

2014—2015 年全球竞争力报告显示，巴基斯坦在参与排名的 144 个国家中位列第 129 名。2011—2012 年巴基斯坦在参与排名的 142 个国家中位列第 118 名，2013—2014 年在参与排名的 148 个国家中位列第 133 名（全球竞争力指数，2014 年），由此可见，巴基斯坦的长期竞争力并不令人满意。腐败和治国效力低下是造成巴基斯坦经济增长乏力、全球竞争力指数糟糕的主要原因。腐败已动摇了投资者在该国做生意的信心。巴基斯坦大多数政府机构已被普遍的腐败现象、知识产权的缺乏以及赞助文化所制约。根据这份报告，巴基斯坦位列开展业务最危险国家的第三位，排名仅次于也门和利比亚。

不过，令人振奋的是，GCI 将巴基斯坦排在国家金融发展状况排名的第 72 位，国家商业成熟度排名的第 81 位。2014—2015 年报告指出了有碍正常经商的几种问题，其中包括腐败、通货膨胀、低效率的官僚作风、犯罪和盗窃、政府不稳定、缺乏基础设施、缺乏受过教育的劳动力和创新能力缺乏等。尽管如此，巴基斯坦的宏观经济状况仍然由于低通货膨胀率而略有改善。教育和健康是巴基斯坦受影响最为严重的领域。其有着全球最低的小学入学率，这方面的指数在全球 144 个国家中仅排第 132 名。

（三）反垄断措施

巴基斯坦竞争委员会的一篇报告中指出，巴基斯坦的主要经济行业已经被垄断，这威胁到了良性的商业竞争，会损害消费者的利益。糖和水泥生产商、银行和化肥企业互相勾结以追求利益最大化。垄断所造成的低效已经损害国家的经济福祉，并且还动摇了新进投资者的信心。垄断企业通过控制供应方操纵其产品的价格。巴基斯坦的制糖业以及水泥制造等行业都在赚取异常丰厚的利润。其大多数企业家同时也是有权势的政治和军事人物，他们排斥新的结束垄断法律的推行。2013 年至今，在任穆斯林联盟谢里夫派政府未能成功打破这些垄断、寡头、企业联合以及权力转移行为，而只有打破这些束缚，才能为企业家提供一个公平的竞争环境。

而事实是，政府官员自己便会参与创建垄断以有利于自己企业的发展。2014 年，巴基斯坦财政部长伊斯哈格达尔协助该国制糖行业进行了垄断，使该国卖给国内消费者的糖价达到了每公斤 54 卢比，而卖给国际买家的价格仅为每公斤 34 卢比。同时，他还帮助该行业通过对所有进口食糖征收 25% 的关税。

（四）贸易自由化

令人意外的是，谢里夫政府所采纳推行的巴基斯坦贸易自由化政策为国际商业社会和国际金融机构所欢迎。巴基斯坦的贸易体制相较东南亚其他国家更加开放。其平均关税率为南亚最低，并保持在 25% 左右。然而，2014 年 12 月，该政府批准了每公斤 10 卢比的食糖出口补贴。内阁经济协调委员会还通过了 20% 的食糖进口监管税以阻止进口国际市场上价格较低的砂糖。

2013 年，欧盟还授予巴基斯坦普惠制地位，这将增加巴基斯坦对欧盟国家的出口。

此外，印度和巴基斯坦之间的双边贸易受到了极大的限制，现任政权从 2013 年至今没有就此做出任何努力。巴基斯坦也还没有给予印度最惠国待遇（MFN）地位。同样地，巴基斯坦与中国的双边贸易已超过 140 亿美元。其出口到欧盟的纺织品量在 2014 年虽预计增加 25%，但在当年 7—12 月仅小幅增长 4%。尽管巴基斯坦的出口总额在 2014 年 7—12 月下降了 4%，其 2014 年进口总额相比 2013 年同期的 181.1 亿美元进一步增长，达到了 203.7 亿美元。2013—2014 年，巴基斯坦占世界总出口额的 0.13%，而占总出口额的比重则为 0.24%。2013 年，巴基斯坦在世界贸易中排在第 143 位（Chani et al.，2014）。巴基斯坦的贸易障碍主要包括制度因素、市场结构、政府监管政策和不透明的行政程序等，谢里夫政府在此方面任重而道远。

（五）银行业

总体来说，巴基斯坦的银行业非常顽强，起到了创收的重要作用。然而，2015 年 1 月发表的穆迪投资者服务报告显示，巴基斯坦银行系统的前景并不乐观。该国银行目前面临的问题主要是其严峻的生存环境。在这样的环境之下，一方面银行自身要运作，另一方面却也更多地受到巴基斯坦政府证券的影响。受到巴基斯坦经济 2013 年至今增长乏力的影响，该国 2014 年的信贷增速保持在 3%—5% 之间。巴基斯坦的银行被迫操纵其自身的资产负债表来资助政府的财政赤字。2013—2014 年，该国政府的财政赤字已达 GDP 的 5.5%。该国信用风险的主要来源是因其直接接触政府债券，而这一做法会将银行信用状况与该国主权信用风险直接挂钩。因此，这一数字还将进一步上升。2013 年 9 月，该国银行的不良贷款率维持在 14.3%。到 2014 年年底，银行的不良贷款率增加了 16%。但据巴基斯坦国家银行透露，该国银行在 2014 年 7—9 月取得了骄人的业绩，其利润上升至 1760 亿卢比，资产收益率一跃升至 1.4%，股本回报率也上升至 15.9%，而 2013 年同期，该数据还分别为 1.1% 和 12.3%（Dawn，2014）。

（六）通货膨胀控制对策

由于全球经济衰退和 2013 年遭受的洪灾，2013—2014 年巴基斯坦通货膨胀率急剧上升。2013 年 10 月，通货膨胀率从 9 月的 7.39% 蹿升至 9.08%。因此，该国物价连月上涨 1.97%。从 2014 年 1—9 月，通货膨胀率平均保持在 8.07% 左右。然而，在 2014 年最后一个季度，通货膨胀率开始走低。在 2014 年的最后 3 个月里，通货膨胀率分别下降至 5.82%、3.96% 和 4.3%。2014 年，该国居民消费价格指数从前一个月的 198.79 个指数点降至 196.79 个指数点。同年，石油价格下跌使巴基斯坦通货膨胀率在 11 月达到了

3.96% 的历史最低位。低需求与高配比使食品价格合理。巴基斯坦 2013 财年以其经济的积极步调收尾。

在 2014 财年第一季度，巴基斯坦国内生产总值增长 5.0%，而 2013 年同期增幅仅为 2.9%。巴基斯坦的经济在 2014 财年的第三季度得到了复苏。一些重大措施帮助企业重获信心：沙特阿拉伯提供了共计 15 亿美元的补助，发行欧洲债券筹集到了 20 亿美元，3G/4G 许可证拍卖获得 11 亿美元，2014 年 2—5 月获得的联盟支持基金（CSF）援助款 7.25 亿美元。巴基斯坦外汇储备从 2013 年 12 月的 85.214 亿美元增加到了 2014 年 12 月的 139.224 亿美元。2014 年 12 月，巴基斯坦外国直接投资估值可达 243.3 亿美元，相比较之下，其在 2012 年 12 月仅为 227.3 亿美元。2014 年下半年（7—12 月），巴基斯坦共计接受 77.9 亿美元的汇兑，较 2013 年同期增长 9.6%，2013 年全年巴基斯坦共计接受 139 亿美元的汇兑。虽然税率有所上升，税收占 GDP 的比重却仍在继续下降。

综上所述，2013 财年至今，巴基斯坦经济总的来说已经开始重回正轨，因为之前的扎尔达里政府时期的社会经济指标相对较低。根据《巴基斯坦经济调查报告》（2013—2014）所述，其国内生产总值增长了 4.14%，该数据在 2012—2013 年为 3.70%。制造业产业的增长为 5.55%，而 2012—2013 年同期的数据为 4.53%。当年电力生产实现了 3.72% 的增长，相比较之下，其 2012—2013 财年同期数据为 -16.33%。

同时，巴基斯坦人均收入也有所增加，并于 2013—2014 年实现了 3.5% 的增长，按美元计算达到了 1386 美元，相比较之下，2012—2013 年内的人均收入增幅为 1.44%。2013—2014 财年该国投资有 8.5% 的增幅，2012—2013 财年同期增幅则为 8.4%。此外，公共投资取得 17.12% 的增长，去年同期的增幅为 -0.35%。2013—2014 财年总投资达 35540 亿美元，2012—2013 财年同期总投资额为 32760 亿卢比。此外，外商投资总额也有所增加，次年 4 月间达到了 29.79 亿美元，相比较之下，2012—2013 年同期的外商投资总额为 12.77 亿美元。

2013—2014 财年的汇兑总额也增长至 12.8946 亿美元，对比上一年同期的汇兑总额为 11.5698 亿美元。然而，农业增长率在 2013—2014 财年下降至 2.1%，相比较之下，2012—2013 财年的农业增长率为 2.9%［《巴基斯坦经济调查报告》、（2013—2014、2014—2015）］。巴基斯坦的农业增长率仍低于 11%，属于全球最低水平。要想实现其增长目标，巴基斯坦需要提高其税收占国内生产总值的比重。巴基斯坦的债务占国内生产总值的比重在当前财年有所增加。据预测，这一比重将在 2014 财年年底上升至 65.9%（巴基斯坦国家银行，2014）。此外，虽然国内生产总值增长状况在 2014—2015 财年略有好转（4.2%），但仍达不到既定目标。同样地，通货膨胀率也仍然高企（5.8%）。

三　经营绩效

本部分的研究试图分析谢里夫政府领导下的国家和社会运行状况。目的是找出阻碍政策学习、制定和实施的结构性制约因素。此外，本部分将分析政府的资源利用效率和操控能力，这两个方面对于实现前述的体制、政治、社会和经济改善至关重要。

（一）结构性制约

首先，一系列社会经济制约因素制约了巴基斯坦政治和经济的发展与转型，其中包括经济、社会、文化、政治和行政障碍。而经济障碍又包括外债、财政赤字、国际收支持续逆差、外汇储备的短缺、人口快速增长和技术水平偏低等。阻碍变革的社会文化障碍包括文盲、保守主义和种姓制度。例如，人们在婚、葬、法律诉讼等方面的开支过大，妇女不能自由工作。此外，薄弱的政治行政体制阻碍了经济发展和转型，而政治稳定则会促使经济转型。

2014 年巴基斯坦人民运动党和巴基斯坦正义运动党静坐的结果是，全国范围几乎所有的经济和政治活动都已停止，政府只得专注于解决这一问题。反恐战争、俾路支省问题、卡拉奇的目标杀戮、宗派主义等问题进一步加剧了巴基斯坦的不稳定，并阻碍了其经济发展。当人民还在疲于应对 2010 年洪水所造成的影响之时，2013 年的洪灾再次对经济造成了巨大的破坏。腐败和低税基阻碍经济进步和制度的发展。然而，民间社会组织和非政府组织依旧活跃在全国各地，激起人民对于该国面临的所有重大问题的公开辩论。他们受到来自一个积极和警觉的媒体的支持。不过，结构性转型需要社会各阶层的积极参与，而当前该国的国家制度仍然缺位。

（二）民间团体的作用

民间团体是巴基斯坦的活跃组织，可以帮助巴基斯坦进行政治和经济改革。后者聚集了众多国家和国际非政府组织，这些组织能够在教育、医疗卫生、政策宣传等领域发挥自己的力量。然而，需要注意的是，这类组织的机能和命运直接取决于该国的政治局势。

此外，巴基斯坦也有各种公益和慈善组织，通过开办学校和医院，他们填补了由于国家能力限制所造成的空缺。然而，随着本·拉登事件中"救助儿童会"被指与间谍牵连，非政府组织如今正在面临新的限制。事实上，许多非政府组织是在慈善的伪装下寻求自身的利益。在此背景下，在 2013 年的最后一个季度，巴基斯坦穆斯林联盟——纳瓦兹政府起草了一项法案以规范国家和国际非政府组织的资金流向。其结果是，巴基斯坦于 2015 年 6 月加强了对此类试图对阵巴基斯坦国家和社会的非政府组织的管控，并对其中几个团体下了禁令。

（三）冲突力度

如上所述，巴基斯坦面临多重冲突，其中包括宗派战争、民族问题、反恐和省际不和谐问题等。但是，现任政府并没有做出多大的努力来解决这些紧迫的挑战。

（四）掌控能力

当纳瓦兹·谢里夫于 2013 年 5 月上台执政时，曾规划出其政府所要解决的三个重点领域，即经济、国内秩序和外交关系。然而，在执政两年后，其政府还未能妥善履行先前许下的承诺。该国的总体经济状况并未显示出过多复苏的迹象，国内法律和秩序一团糟，与周边国家特别是印度的关系已经僵化。政府对能源问题的轻视已经削弱了巴基斯坦的经济。此外，教育和医疗保健方面的提升也并未成为政府的优先处理事项。政府的低效率在 2014 年洪灾中是显而易见的，其未能获得来自国际捐助者和多边机构的援助资金来用于灾民的重建工作。此外，其还未能扩大税基，并将更多的人纳入税网。另外，政府还以各种借口推迟地方政府选举。似乎现任政权的唯一要务便是保证其在位，而这一方面正受到巴基斯坦人民运动党和巴基斯坦正义运动党在 2014 年发起的静坐挑战。但是，与 2013 年 3 月便完成任期的巴基斯坦人民党政府相比，穆斯林联盟谢里夫派领导政府的多项发展指标均略好。不过，总体而言，巴基斯坦在南亚的总体表现稍逊于孟加拉国。

（五）政策执行

巴基斯坦的政策实施由于其缺乏明确有力的政治目标，政治承诺以及充满官僚障碍和治理结构的障碍，因此面临着重重阻碍。正如上文分析的那样，公务员和政客的腐败是巴基斯坦政策执行的主要障碍。此外，巴基斯坦政府的管理由于与公务员以及政治代表之间缺乏协调而变得十分低效。任何良好政策的实施都需要资金、技术和人力资源的支持。根据市场经济政策研究所 2015 年 1 月发表的报告，当前政府已经显示出其在执行其经济目标上乏善可陈的态度。根据这份报告，该国政府在实施其能源安全政策和经济改革方面进度缓慢。

然而，对于巴基斯坦的某些关系到私有化的领域，如铁道和政策领域，政府则显示出其良好的政策执行力。在能源领域，政府未能履行永久取消循环债务的承诺。穆斯林联盟谢里夫派在其竞选宣言中曾承诺将非正式经济纳入税网。然而，其未能执行这方面的策略，也一直未能履行其所制定的中小企业政策。该国政府在其竞选宣言中已经承诺要推动中小企业发展，但自 2013 年 6 月穆斯林联盟谢里夫派上台后，该计划就已被搁置。

此外，较为可悲的是，一方面，现任政府并没有从过去的错误中吸取教训。腐败、裙带关系和任人唯亲的文化目前在巴基斯坦蔚然成风，而谢里夫政府自其上台以来却没有采取任何行动。针对武装分子问题，之前的旧政策同样被用来划分好的和坏的塔利班（部落地区的军事行动是巴基斯坦军队自己做出的决定，而现任政府不愿采取更多措施）。例如，当局目前并未对奎达舒拉采取任何行动，虔诚军（LET）和逊尼派穆斯林激进组织（LEJ）都在积极支持政府。此外，联邦政府在俾路支省故伎重演，而在该地区军事手段优先高于谈判和政治途径。

另一方面，联邦政府仍然不愿意全力以赴打击卡拉奇的目标杀手。巴基斯坦军方仍沿用在阿富汗的战略深入政策，而该策略却未能奏效，因为巴基斯坦政府视塔利班武装为对抗其领袖的有力武器。在经济领域，政府正在做大量的书面工作。该国官僚想要夸大其日益增加的权力，而在这样的追求下，他们都已经背离地方政府制度，纵容旁遮普省和信德省政府了。

（六）资源利用效率

高度的腐败和管理不善清楚地显示，巴基斯坦的资源正在被浪费。巴基斯坦拥有丰富的自然资源，但其对这些资源的低效利用使其付出了高昂的代价。在任政府总是不愿意继续实行其前任颁布的政策。比较明显的例子就是，许多在建医院、桥梁和学校的工程已经被穆斯林联盟谢里夫派政府叫停，与同现有政府机构共事相反，政府试图建立新的机构以获取人民的信赖。其中一个例子就是由前巴基斯坦人民党政府成立的新闻信息部下属研究和参考中心，该中心于 2014 年被穆斯林联盟谢里夫派政府所关闭。不过，其员工求助伊斯兰堡高等法院，并得到与政府决定相反的暂缓令。在能源领域，政府花费数十亿卢比兴建的南迪发电厂不能正常工作。该国水利及电力部已经花费了数十亿卢比以出具巴沙大坝的可行性研究报告，但仍无法启动该项目的工作。政府还将公众的钱浪费在动辄数十亿卢比的家传活动花费上。

（七）政策协调

不同利益群体之间缺乏政策协调是巴基斯坦政治的一大特点，也是其政策失败的一大诱因。协调的缺乏在巴基斯坦的各个领域几乎都能见到。无论是经济、政治还是外交关系，均是如此。巴基斯坦在对抗威胁国家和社会的叛乱分子时总是缺乏政治领导和军事力量之间的协调与共识。最近的例子就是通过了《巴基斯坦第 21 宪法修正案》（1973），从而能够建立军事法院来审判恐怖分子。但各宗教政党反对该法案（Calfas，2014）。此外，军民脱节一直阻碍打击恐怖分子政策的良好协调。巴基斯坦政府缺乏明确的国家构想来探明究竟是谁威胁了国家利益，以及是需要专注于内部还是外部的威胁。该国军方仍然视印度为劲敌，并轻视其国内恐怖武装所造成的内部威胁。军方和现政府之间目前就巴印关系、反恐及阿富汗问题缺乏协调。

此外，在 2013 年大选所有主要政党都将腐败视为最大的敌人，并誓言一旦当选必将通过有效的立法和独立的问责机制来消灭这一问题。大选两年之后，这方面却没有明显变化。联邦和省级政府在一定程度上忽略了这一问题，这可能是因为其有要解决恐怖主义等更为紧迫的问题。尽管如此，在反腐败立法方面，巴基斯坦还是取得了一定的进展。其四个省份均已协同将该议题移交至第十八宪法修正案规定的省份，并且已经颁布了知情权的相关法律。

如何有效地利用法律揭露和遏制公共部门的不当行为仍有待商榷。开伯尔·普赫图赫瓦省政府通过制定一个以上的包括 2013 KP Ehtesab 委员会法案，2014 年，包括公共服务法案在内的相关法律来领导其他省级政府（PIL-DAT，2014）。此外，一份有关公共机关利益冲突的法案也正在 KP 议会等待核准通过。不过，此类立法似乎对切实改善此类情况的帮助有限。该国在国际透明组织清廉指数上的排名也标志着其在 2014 年相较前一年提升了 1 个百分点。尽管如此，该国在"极端腐败"类别中的排名仍然居高不下。

（八）建立共识

巴基斯坦政党对本国民主的实质情况有一致的共识。这一点从 2014 年 8 月巴基斯坦正义运动党和巴基斯坦人民运动党在街头发起的反对纳瓦兹·谢里夫政府的抗议就可见一斑。彼时，国民议会的所有党派均团结一致，在政府背后抵制示威者希望总理请辞的非民主需求。然而，这样的共识仍然是脆弱的，因为大多数党派均希望通过与政府站在同一阵线而满足其个人利益。如果他们是真诚的渴望践行民主价值观，那么他们就会为当地政府和党内选举而发起一场运动。

从积极的方面看，在巴基斯坦正义运动党和巴基斯坦人民运动党静坐活动中，军方一再重申不会公然干预政治。2013—2014 年，军方和政府并未就塔利班、印度和阿富汗事务达成协调的政策。尽管如此，塔利班还是被分成了好的和坏的。政府在取缔逊尼派穆斯林激进组织（LeT）及达瓦慈善会（JuD）方面缺乏共识。此外，前者无法就实行提振经济的结构性改革达成共识。而且各政党还无法协调扩大税网以创造更多收入的事宜。不仅如此，虽然目前就巴基斯坦的普遍共识是腐败和管理不善是其经济困境的主要原因，纳瓦兹·谢里夫领导下的本届政府却未能在就此问题立法上达成共识。

此外，巴基斯坦缺乏应对国家内部过多的冲突和对抗的有效机制。省际协调部和共同利益委员会是联邦一级的解决中央和省之间问题的机构。各省的供水问题、加拉伯克大坝以及中央与各省之间财务资产分配问题都亟待解决。但是，政府并未能在这些问题上达成共识。到目前为止，司法机关未能在解决这些争端方面发挥任何切实的作用。共同利益委员会在 2013—2014 年召开了四次会议，但未能取得任何实质性进展。中央政府与俾路支省政府在对自然资源的控制方面的关系并不融洽。联邦政府迄今未能就 Rico Diq 达成共识。瓜达尔方面，政府也未能让俾路支省人民看到中国—巴基斯坦经济走廊（CPEC）所能带来的潜在利益。此外，2013—2014 年该国政府仍未能说服各个恐怖组织放下武器，融入主流社会。

现任政府在其当权的两年中并未展现出通过政策同其他政党或国家机构和解的迹象。积极支持穆斯林联盟谢里夫派的巴基斯坦最高法院在执政后便开始迫害前总统佩尔韦兹·穆沙拉夫。纳瓦兹·谢里夫非但没有与军方协调，反而试图控制前者修改印度和阿富汗的相关政策，但最后以失败而告终。2014 年 6 月，受到旁遮普邦政府积极支持的旁遮普省警方杀害 12 名在拉合尔示威的巴基斯坦人民运动党活动分子。由于穆斯林联盟谢里夫派缺乏对巴基斯坦人民运动党和巴基斯坦正义运动党在伊斯兰堡示威行为的和解意向，抗议活动最终进一步延长并导致了僵持局面。此外，2013 年至今，联邦政府未能与受到委屈的俾路支省和信德省民族主义者调和。

四 外交关系

2013 年 6 月初，纳瓦兹概述了与邻国、大国以及伊斯兰世界交好为其外交关系的重中之重，与竞争对手印度的关系始终为历届政府的首要安全考量。在其以往任职期间（1996—1999 年），纳瓦兹·谢里夫曾试图修复双方之间的信任。1999 年签署的《拉合尔宣言》更是标志着这一努力的顶峰。然而，其政府很快便在一场"不流血"政变中被推翻。作为一名商人兼总理，改善与印度关系，特别是与其在商业和贸易上的关系是符合谢里夫政府的价值观的。在此背景下，纳瓦兹强调有必要逐步推进与印度双边关系的常态化交好。尽管如此，纳瓦兹政府和军方在对待印度的问题上仍是有所差异的。军方希望与印度就克什米尔问题展开严肃对话，并以此作为双边活动的起点，而纳瓦兹政府则打算恢复双边对话和贸易关系。因此，印巴关系并未取得很大进展。

巴基斯坦与美国的关系在本文涉及的这段时间内有所回暖。2014 年 6 月，巴基斯坦军方发动针对联邦直辖部落地区（FATA）内伊斯兰激进分子的攻势。美国长期以来一直给巴基斯坦施压以促使其展开类似行动，因类似行动能够提振美国对巴基斯坦的信心。11 月，巴基斯坦强势的军队参谋长四年间首次赴美，并在那里获得热烈的欢迎。数周后，第 23 轮双边防务协商小组会议在华盛顿举行，两个代表团分别审议了正在巴基斯坦进行的军事行动，以及阿富汗的安全过渡情况。该对话的目的是进一步增进双方在国防和军事领域之外的关系基础。

2015 年 1 月，美国国务卿约翰·克里率领美国代表团参加美巴战略对话第五次会议。该战略对话已设立了 6 个工作组，分别是经济与金融、国防、执法与反恐、战略稳定与不扩散、能源、教育与科学、技术。

综观 2014 年美国完成对阿富汗部分撤军后美国对巴基斯坦的态度变化，不难发现，其对待巴基斯坦的立场已经软化，已经不再施压要求其"采取更多动作"。美国主导的国际金融机构，如世界银行和国际货币基金组织已经迅速批准了巴基斯坦的贷款。美国在国防领域的态度同样也发生了转变。例如，巴基斯坦在 2014 年请求得到 10 亿美元的军事援助，在不到一年的时间内就得到了批准。美国态度的变化从美军司令约瑟夫·邓福德二世 2015 年 7 月在美国参议院军事委员会听证上的发言也可见一斑。他说，美国和巴基斯坦的关系对于美国的国家安全利益至关重要，并希望能够与巴基斯坦展开持续性合作，从而共同战胜基地组织，维护巴基斯坦的稳定，并实现阿富汗持久和平。他认为，美国未来给予巴基斯坦的援助事关美国自身利益。他补充说："如果能够得到批准，我将继续与巴基斯坦军方合作，来确保其能有更大的施展空间。"如果得到参议院的批准，邓福德司令将于 10 月 1 日接替马丁登普西司令成为美国参谋长联席会议主席。①

美国对巴基斯坦语气软化的原因可能有多种。首先，自"9·11"事件后美国已经使用了所有的压力战术。除直接的威胁外，似乎没有什么其他的策略会奏效。一方面，由于在美国主导的战争中发挥作用，巴基斯坦领导人已经承受了越来越多的国内压力。美国也认识到巴基斯坦的支持在其从阿富汗部分撤军后已经变得至关重要。造成这一现象的另一原因可能是美国和西方国家已经倾其所能，并且再也无法像过去十年那样随意干涉其他国家。此外，巴基斯坦已经展示了其国家的韧性，并开始逐步走出危机：其经济正在好转，法律与治安形势越来越好，整个国家正在逐步复苏。另一方面，巴基斯坦最近扩大了其外交政策的选择范围。其与俄罗斯的关系近年来得到显著改善。与此同时，同伊斯兰堡和喀布尔之间关系的改善也被外界认为是成功的。除此之外，中国对于巴基斯坦不断增长与深化的兴趣也为其增添了信心。以上种种因素导致美国修改了其施压策略，并采用了更为缓和的对话语气。

就阿富汗问题，纳瓦兹陈述到，其政府将支持并帮助阿富汗主导，并属于阿富汗的和平与和解进程。他补充道："除非该地区已恢复和平，否则我们为了该地区繁荣与发展所做出的努力永远是不够的。我要强调的是不断扩大对于创造稳定的政府和阿富汗和平区域共识的重要性。"目前，巴基斯坦与阿富汗的关系自甘尼总统在喀布尔上台便得到了极大的改善。卡尔扎伊在任时存在的那种不信任也开始迅速消散。巴基斯坦高层领导人，包括其情报机构三军情报局的军事参谋长多次访问了喀布尔。具体来说，双方的相关安全机构已经开始联手打击恐怖主义。假如这一趋势继续下去，将对于应对恐

---

① *Dawn*, 11 July 2015, http://www.dawn.com/news/1193686/us – general – explains – key – american – interests – in – pakistan.

怖主义威胁产生极大的帮助。

俄罗斯是印度的长期盟友，但巴基斯坦与其的关系也同样得到了迅速的改善。2014 年 11 月，俄罗斯国防部长访问了巴基斯坦，这是几十年来俄罗斯国防部长第一次出访巴基斯坦。双方发表了联合声明，莫斯科取消了针对巴基斯坦长期存在的武器禁运条款，并同意向其提供最新型的直升机以供其在打击武装分子的最新行动中使用。俄罗斯也保证了与巴基斯坦在能源领域以及其他国际论坛上的合作，并且还支持巴基斯坦在上合组织拥有成员资格。

整体而言，巴基斯坦与伊斯兰国家的关系稳定。在伊斯兰地区内，该国与来自中东，特别像沙特、阿联酋、土耳其和伊朗等国家保持着良好的关系。伊朗和美国之间达成的协议将缓和其对德黑兰的制裁，而这将使该区域趋于稳定。在达成协议之后，巴基斯坦可以推进伊朗—巴基斯坦天然气管道建设，并从伊朗进口电力。

除了其对外的发展，巴基斯坦与中国传统的关系也进一步得到了深化与加强。如同其上一任一样，纳瓦兹·谢里夫政府高度重视深化同其传统盟友中国的关系。一方面，中国主席习近平和总理李克强访问了巴基斯坦。另一方面，巴基斯坦总统、陆军参谋部部长，以及其他高级官员均已数次出访中国。中国和巴基斯坦关系中最突出的一方面是其在致力于打造中国—巴基斯坦经济走廊所许下的承诺。中国为中巴经济走廊的建设拨款 460 亿美元。这项雄心勃勃的超大型项目计划通过道路网络连接中国的喀什和巴基斯坦的瓜达尔港。这是两国历史上此方面最大的动作，该项目若能够进展顺利，中国有望将其投资加倍。

在"一带一路"方针引导下，中国已经开始了数个项目的建设。在这些项目中，中巴经济走廊是令人瞩目的存在。中巴经济走廊能够充当陆地和海洋之间的桥梁，仅通过一个国家（巴基斯坦），是中国到达印度洋及更远目的地的最快途径。中巴经济走廊将进一步完善中国关于实现其西部地区现代化的愿望，并能妥善解决新疆分裂问题。对于遭受恐怖主义袭击的巴基斯坦而言，中巴经济走廊能够带来巨额投资，促进基础设施的发展，以及中国在国际前沿对其政治与外交的支持。

中巴防务关系在此期间也得到了加强。中国宣布向巴基斯坦提供 50 架由中国与巴基斯坦联合生产的 JF－17 战机。双方还敲定了有史以来最大的国防合同：6 艘价值 40 亿—60 亿美元的中国核潜艇。中国已经成为巴基斯坦最大的武器供应商，满足了巴基斯坦超过 50% 的武器需求。

巴基斯坦的外交政策除稍许调整外并没有发生重大的变化。

五　结　语

结合 2013 年至今的社会政治发展和经济指标，可以预测巴基斯坦的未来走向。该国目前整体表现依然低迷，除非谢里夫政府能够改变其政策，提出能够促进经济发展和社会政治稳定的方案。然而，从现任政府前两年执政情况来看似乎并不是其所热衷于解决的首要任务。该政府一直未能推出早就该实施的结构性改革。此外，其在社会、政治和经济指标方面的表现也不尽如人意。

比如说，在本文分析的时间段内，安全局势仍然是阻碍投资者在巴基斯坦投资的主要障碍。政府非但没有致力于解决这一问题，反而向国际货币基金组织和世界银行追加了贷款。这意味着，未来巴基斯坦年度预算的一大部分将被用来偿还债务。

此外，本文回顾的这段时间，巴基斯坦极端主义仍然猖獗，宗派主义问题日益尖锐。第十八条修正案所做出的承诺在可预见的将来似乎并不会得到落实，因为迄今为止省级政府显然还无法承担相应的责任。因此，巴基斯坦集权的可能性正在增加。尽管向国际货币基金组织、世界银行和其他捐助机构做出了承诺，该国的税基仍然没有扩大，其结果便是巴基斯坦外商直接投资减少。

另外，统治精英缺乏政治意愿和共识来发起结构性改革是巴基斯坦进行有效政治和社会经济改革的最大阻碍。有权势的精英阶层，如穆斯林联盟谢里夫派领导的政府，通过运用政治手段保护和积累其个人及家族财富。他们有很多借口无视来自国外的压力，压榨一个本就已经身处在抗击恐怖正义战争中的世界，而巴基斯坦是走在这一场战略中最前线的国家。

此外，谢里夫领导下的政府使得巴基斯坦能源危机恶化到限电减载已经成为一种常态，对工业和农业产生不良影响。并且，省际的不和谐继续在各联盟单位间播撒下不信任的种子。俾路支省民族主义者继续与联邦政府斗争以争取更多的自治权，而政府也一直未能解决该问题。不过，政府方面仍然是有一些积极的进展，其中包括对纷争的抵制。巴基斯坦军方已开始 Zavb-e-Azab 行动来打击北瓦济里斯坦的 TTP 和基地组织网络。即便如此，该地区长期的安全仍然取决于军方的战略方针，而该方针此前一直是亲圣战组织而反印度的。

最后一点，巴基斯坦目前面临着能源危机问题、财政收入不足以启动新项目的问题、健康问题、宗派主义问题、军事化和水资源问题等一系列特殊情况。特殊情况就需要非常措施，而现任穆斯林谢里夫派政府迄今为止都无法提出令人满意的措施。军方还限制了平民对于以上一些类问题做出选择的机会。文官和军事领导人需要进一步通过加强地方、区域和全球合作来拓宽战略眼光。此外，还需要全面改革现有的低效政策和僵化的思维方式，从而阻止巴基斯坦滑向失败国家的深渊。

在对外关系上，巴基斯坦一方面改善与阿富汗、俄罗斯、美国的关系，另一方面也对中国以及穆斯林世界保持亲善。因此，从各个方面来看，巴基斯坦的对外关系都没有走回头路。

（翻译：张传钰　颜子卿）

参考文献

[1] Amy Calfas, "Pakistan's lack of consensus, Capacity undercut efforts against militants", United States Institute of Peace, 2014, Available at http：//www. usip. org/olivebranch/pakistan – s – lack – of – consensus – capacity – undercut – efforts – against – militants.

[2] Ashley J. Tellis, Pakistan and the war on terror：Conflicted goals Compromised performance（2008）, Carnegie Endowment for International Peace, Available at, http：//carnegieendowment. org/files/tellis_ pakistan_ final. pdf.

[3] Ayesha Khan and Rabia Khan, "Divers of Change in Pakistan：Civil society and social change in Pkaistan",（2004）The Collective for Social Science Research, available at http：//www. researchcollective. org/Documents/Civil_Society_And_Social_Change_In_Pakistan. pdf.

[4] Dawn, "Pakistan ranked 129th in the Global Competitiveness Index",（Sep. 4, 2014）available at http：//www. dawn. com/news/1129710.

[5] Ejaz Hussain, "Daily Times", May 23, 2015, available at http：//www. dailytimes. com. pk/opinion/23 – May – 2015/rule – of – law – in – pakistan.

[6] Hassan Askari Rizvi, "Pakistan Today". February 7, 2012, available at http：//www. pakistantoday. com. pk/2012/02/07/comment/columns/on – judicial – activism/, http：//tribune. com. pk/story/711648/corruption – rampant – in – pakistan – says – report/.

[7] Human Rights Watch, "World Report, 2015, Pakistan", available at http：//www. hrw. org/world – report/2015/country – chapters/pakistan.

[8] Ijaz Khan, Contending Identities of Pakistan and the issue of Democratic Governance, （2006）, Peace and Democracy in South Asia, Volume 2, Numbers 1& 2, available at http：//himalaya. socanth. cam. ac. uk/collections/journals/pdsa/pdf/pdsa_ 02_ 01_ 03. pdf.

[9] International Crisis Group（ICG）, "Aid and Conflict in Pakistan", （2012）available at http：//www. crisisgroup. org/en/regions/asia/south – asia/pakistan/227 – aid – and – conflict – in – pakistan. aspx.

[10] Muhammad Irfan Chani, Muhammad Azam and Akmal Yunus, "The Causal relationship between foreign direct investment, imports and exports in Pakistan, Bulletin of Business and Economics, 3（3）, 142 – 149（2014）, available at http：//rfh. org. pk/jur/wpcontent/uploads/2014/09/BBE – 33 – 142 – 149 –. pdf.

[11] Pakistan Economic Survey, 2013 – 2014, Ministry of Finance, Government of Pakistan, available at http：//www. finance. gov. pk/survey_ 1314. html.

[12] Ghulam Ali, "Mutual interests underlie a strong China – Pakistan relationship", East Asia Forum, 4 June 2015, http: //www. eastasiaforum. org/2015/06/04/mutual – interests – underlie – a – strong – china – pakistan – relationship/.

[13] Pakistan Economic Survey, 2014 – 2015, Ministry of Finance, Government of Pakistan, available at http: //www. finance. gov. pk/survey_ 1314. html.

[14] Pakistan Institute of Peace Studies (PIPS) report, Election 2013: Violence against Political Parties, Voters and Candidates (May, 2013) .

[15] Pakistan Institute of Peace Studies (PIPS) report, Minority Rights in Pakistan: Historic neglect or state complicity (May, 2014) .

[16] PILDAT, "Assessing Internal Democracy of Major Political Parties in Pakistan", (2014) available at http: //www. pildat. org/Publications/publication/Democracy&LegStr/AssessingInternalDemocracy-ofMajorPoliticalPartiesofPakistan. pdf.

[17] PILDAT, "Assessment of the Quality of Democracy in Pakistan", (2015) Available at http: //www. pildat. org/Publications/publication/Democracy & LegStr/AssessmentoftheQualityofDemocracyinPakistan _ June2013 _ December2014. pdf.

[18] PILDAT, "Performance of the provincial assembly of Khyber Pakhtunkhwa" The first parliamentary year (2014) available at http: //www. pildat. org/Publications/publication/Democracy&LegStr/PerformanceoftheProvincialAssemblyofKhyberPakhtunkhwa_ 1stParliamentary – Year29May2013to28May2014. pdf.

[19] S. Akbar Zaidi, "The improbable future of democracy in Pakistan", Centre for the Study of developing societies, New Delhi, available at http: //democracy – asia. org/qa/pakistan/S. %20Akbar%20Zaidi. pdf.

[20] South Asia Terrorism Portal (SATP), Fatalities in Terrorist Violence in Pakistan, 2013 – 2015, available at http: //www. satp. org/satporgtp/countries/pakistan/database/casualties. htm.

[21] State Bank of Pakistan, "Inflation Monitor" (2014), available at http: //www. sbp. org. pk/publications/inflation_ Monitor/.

[22] The Express Tribune (December 31, 2014), available at http: //tribune. com. pk/story/815075/pakistan – most – dangerous – country – for – journalists – in – 2014 – report/.

试析巴基斯坦家族政治的成因
——以布托家族为例

宋华琴

摘　要　以家族组织为单位对政治体系进行长期控制或影响的政治形态即为家族政治。巴基斯坦曾长期为英国的殖民地，独立之后，开始建立民主政治，其政治权力为家族和军人轮流执掌。布托家族即是前者的典型代表，其形成有着深厚的社会土壤，并对巴基斯坦的政治发展产生深远的影响。巴基斯坦家族政治形成的因素主要有历史和现实两个方面。

关键词　巴基斯坦　家族政治　布托家族　成因

家族作为一个基本的社会群体，在一个国家或地区起着不可忽视的作用。世界历史上，以贵族和王室为主导的家族政治[①]，在一国政治发展中具有重要的地位。环顾当今世界政坛，政治家族作为政治推手在很多国家发挥着作用，如美国的布什家族、日本的小泉家族、新加坡的李氏家族等。巴基斯坦曾长期为英国殖民地，独立之后开始建立民主政治，其政治权力为家族和军人轮流执掌。布托家族是巴基斯坦的第一大家族，在很大程度上左右着巴基斯坦的政治格局。

关于家族政治的研究，国内外学者已有一定的研究。国外主要有科林斯·凯琴林（Collins Kathleen）、罗伯特·斯普林伯格（Robert Springberg）[②]

[作者简介] 宋华琴：江苏师范大学历史文化与旅游学院巴基斯坦研究中心2012级硕士研究生。

① 家族政治：第一种定义是对于欧美家族政治的定义，也是现代通常定义，是指家族里面连续两位或者多于两位当选国家领导人的政治。第二种定义是家族政治还包括某个家族在一定时期内全面控制了某一部分社会群体的政治势力泛称。奴隶社会、封建社会的家族政治就属于这个定义。

② Collins Kathleen：*Clan politics and regime transition in Central Asia*，Cambridge；New York，NY：Cambridge University Press，2006. Robert Springberg：*Family，Power and Politics in Egypt*；*Sayed Bey Marei - His Clan，Clients and Cohorts.* Univ of Pennsylvania Pr，1982.

等。国内主要有陈山、孟祥麟、宫玉涛、徐勇、陈金英、叶海林①等。大部分学者主要是对其他国家或地区，以及南亚整体的家族政治研究。家族政治是巴基斯坦政治上的一道特殊风景，但在其成因方面，学术界还缺乏具体深入的研究。本文以布托家族为例，对巴基斯坦家族政治形成的原因进行浅析。

一 巴基斯坦政坛的"布托家族"现象

按照 1973 年宪法，巴基斯坦实行由总统、行政首脑、司法和参众两院组成的议会民主制。现代家族政治是指在民主制度下某些家族的成员由于拥有特殊的资源，能够在多次选举中当选执掌政权，使这些家族中的权力人物呈现出代际延续性。② 巴基斯坦的家族政治属于现代家族政治。

巴基斯坦主要有两大政治家族：布托家族和谢里夫家族。布托家族世代生活在巴基斯坦农业最发达的信德省，是该省最大的家族之一，拥有数十万名成员。布托家族的参政史始自沙阿·纳瓦兹·布托爵士（阿里·布托的父亲）。他是信德省的大地主之一，担任过尤纳加德邦总理，由英王乔治六世授予爵士。③ 1947 年巴基斯坦独立，纳瓦兹在其中发挥了重要的作用。1967年佐勒菲卡尔·阿里·布托创建了人民党，作为巴基斯坦的最大政党，巴基斯坦人民党的历史实际上就是布托家族的家族史。1972 年国民议会和省议会选举中，阿里·布托领导的人民党获得压倒性胜利，阿里·布托出任军政府总理职务。1977 年军事政变，阿里·布托下台，1979 年阿里·布托去世，随后他的夫人努斯拉特接替了他的事业，成为人民党终身领袖。1988—1996年，阿里·布托的女儿贝·布托曾两次担任巴基斯坦总理职位。贝·布托遇刺身亡后，她的儿子比拉瓦尔·布托·扎尔达里接替人民党主席职务，其丈夫阿西夫·阿里·扎尔达里为联合主席。2008 年穆沙拉夫下台后，扎尔达里当选为新一任总统，巴基斯坦政权重返布托家族之手。2013 年 7 月 8 日，扎尔达里离任总统一职，是巴基斯坦第一位完成任期的民选总统。7 月 30 日，由巴基斯坦国家议会及各省议会议员投票选举，来自执政党穆斯林联盟（谢里夫派）的侯赛因任新一届总统，他是现任总理谢里夫的亲密盟友。④ 巴基斯坦独立后，布托家族和谢里夫家族政治执政情况如表 1 所示。

---

① 陈山：《人民党与布托家族》，《世界知识》1993 年第 21 期。孟祥麟：《布托家族的悲情人生》，《报刊荟萃》2008 年第 3 期。宫玉涛：《国际舞台上的家族政治》，《国际纵横》2010 年第 11 期。徐勇：《家族政治：亚洲政治的魔咒》，《学术月刊》2010 年第 42 卷 12 月号。陈金英：《南亚现代家族政治研究》，《国际论坛》2011 年第 13 卷第 4 期。叶海林：《巴基斯坦政党背后的世家政治》，《文化纵横》2013 年第 1 期。

② 陈金英：《南亚现代家族政治研究》，《国际论坛》2011 年第 13 卷第 4 期。

③ 中国新华网，http://news.xinhuanet.com/observation/2010 - 08/11/c_ 12433219. htm。

④ 同上。

表 1 巴基斯坦独立后布托家族和谢里夫家族政治执政情况

家族政治	家族成员	任职时间	职务
布托家族	阿里·布托	1971—1977 年	先后担任总统和总理职务
	贝·布托	1988—1990 年	总理
		1993—1997 年	总理
	阿西夫·阿里·扎尔达里	2008—2013 年	总统
谢里夫家族	谢里夫	1990—1993 年	总理
		1997—1999 年	总理
		2013 年至今	总理

资料来源：巴基斯坦政府官方网站（www. pakistan. gov. pk）。

从表 1 分析可知：首先，截至 2014 年，布托家族在巴基斯坦独立之后的执政时间总计共 17 年，占独立年份的 37%[1]；谢里夫家族执政时间总计共 6 年，占独立年份的 13%。布托家族执政时间远远大于谢里夫家族，是巴基斯坦独立之后最主要的政治家族。其次，每届执政者任期都比较短，政府更替频繁，政局动荡，家族政治统治并不是一帆风顺。最后，尽管每届政府执政时期都比较短，但是，家族政治执政者都能够重返政坛重新执政，说明家族政治仍具有较大的生命力和影响力。经历了血雨腥风的布托家族可以说是一部悲壮的家族执政史。在布托家族执政的 17 年中，巴基斯坦社会各方面取得了一定的成就，但其前进的道路仍举步维艰。

二 布托家族政治的成因

巴基斯坦的现代家族政治具有明显的暴力和军事色彩，军事政变以及领导人被暗杀现象持续出现。政党领袖的非正常死亡使正常的领导层更替出现中断，从而使拥有某些优先权力的家族成员卷入政治当中。

巴基斯坦布托家族政治能够产生并延续发展的原因主要有以下几个方面：

（一）巴基斯坦古代社会的历史形态和思想观念为家族政治的形成奠定了历史基础

古代南亚社会在政治上长期处于分裂割据的状态，经济主要实行保守封闭的村社生产方式，从而形成了众多的土邦王国。权力的分散割断了民众与统一的国家和政府之间的联系，大大小小的土邦王公和部落首领及其家族代

---

① 巴基斯坦自 1947 年独立至今，军管政权统治 22 年，选举上台政府执政 46 年。布托家族均经选举上台执政。

表成为权力的象征与效忠的对象。① 巴基斯坦独立之前，为英国殖民地大印度的一个组成部分。在历史上，巴基斯坦深受印度的影响，在政治、经济等方面有许多共同之处。这种"民众—土邦/部落—国家"的权力认同模式为巴基斯坦家族政治的形成奠定了基础。

现代家族政治（Modern Family Politics）源于古代家族政治（Clan Politics）。在思想观念方面，古代南亚国家对家族十分重视。家族社会拥有悠久的历史，与农耕生产的方式相关联。在农业社会，一家一户为生产和生活的基本单位，同时家庭也是财产占有、支配和继承的基本单位。但是，在农业社会中，一个简单的家庭并不能够完成生活和生产的全部活动，一般情况下，需要借助他人的帮助。最直接、最有力的帮助就是来自有血缘关系的家族中的其他成员。家族社会是比家庭更大、以血缘关系为纽带的次级社会群体，是"扩大了的家庭"。② 在传统农业社会，人们依靠血缘家族关系即可完成必要的生产和生活。同时，以血缘关系为纽带的家族在人们生活中具有基础性甚至唯一性地位，从而形成牢固的家族文化传统。这种文化传统成为支配人们行为最重要的思想观念。巴基斯坦虽然没有印度那种根深蒂固的种族制度，但也受其影响，容易产生家族集团的思想观念。与此同时，巴基斯坦人深受封建思想束缚，巴基斯坦的政治与西方社会不同，宪政和民主思想没有经过文艺复兴、启蒙运动和资产阶级革命的自然成长，而是通过移植西方议会民主制度而来的③，这直接导致巴基斯坦的政治领袖、政治组织、军队和普通民众没有彻底摆脱封建思想的影响，专制和集权思维模式依然存在，逐渐形成了"权威思想"，从而为家族政治的形成提供了思想土壤。

（二）巴基斯坦独立后，国内外环境促使现代家族政治的形成和发展

在国内方面，独立后的巴基斯坦在各个方面都是蹒跚起步。经济上，虽然进行过几次大的土地改革，但并未达到预期效果，大量的土地占有权仍掌握在少数地主手里。巴基斯坦仍然是封建土地所有制的农业国家，大地主残余现象严重。布托家族是巴基斯坦信德省最大的地主之一，拥有丰厚的土地和家产。与此同时，以农为本的巴基斯坦，农业为第一产业，工业和第三产业还不发达，产业结构发展不平衡、不完善，这为大地主掌控经济提供了机会。布托家族雄厚的实力和强大的势力为其家族政治的形成奠定了物质基础。政治上，巴基斯坦摆脱了英国殖民统治，开始建立和实行民主制度，为社会上具有良好声誉的名门望族参与政治提供了平台。布托家族中，沙阿·纳瓦兹·布托在巴基斯坦独立中起到重要作用，为布托家族政治发展做了引子。

---

① 陈金英：《南亚现代家族政治研究》，《国际论坛》2001 年第 13 卷第 4 期。
② 徐勇：《家族政治：亚洲政治的魔咒》，《学术月刊》2010 年第 12 期。
③ 杨翠柏主编：《南亚政治发展与宪政研究》，巴蜀书社 2010 年版，第 14 页。

其子阿里·布托在 1967 年创立了巴基斯坦人民党，成为巴基斯坦第一大党。人民党的信条中有两条：一切权利属于人民；我们的政治是民主。① 这两条信条为人民党和布托家族赢得了人民的信任与支持，人民党的创建也为布托家族政治建立了政治基础。宗教上，巴基斯坦 96% 的居民信奉伊斯兰教，将伊斯兰教奉为国教，伊斯兰教是巴基斯坦民族的重要凝聚力来源。巴基斯坦是一个多民族国家。尽管这些民族有自己的语言文化、风俗习惯，但他们基本上都信仰伊斯兰教。巴基斯坦政府也反复强调"巴基斯坦穆斯林民主"，以此维护民族团结。根据 1998 年 3 月巴基斯坦第五次全国人口普查数据，巴基斯坦 1.3058 亿人口中，有 1.2536 亿人口为穆斯林，共同的宗教信仰把他们紧密地联系在一起。② 在巴基斯坦，对宗教组织的信任水平高达 90%。③ 人民党还有一个信条：我们的信仰是伊斯兰教。④ 伊斯兰教有助于赢得更多巴基斯坦人民的信任、拥护和支持，为布托家族政治的形成和发展奠定了群众基础。

在国际方面，巴基斯坦地处南亚、中亚和西亚的交会处，地缘战略地位十分重要，但是，从国家安全角度看，这一地理位置使其极易遭受外部力量攻击。国内的安全与稳定也会受外部世界各种变化的影响。因此，巴基斯坦独立后，其对外政策的制定主要是基于地缘安全脆弱性的考虑。在 20 世纪 50 年代的南亚国家中，巴基斯坦是唯一一个完全采取亲西方政策的国家。⑤ 布托家族的主要成员都曾留学西方，对西方政治文化比较了解，巴基斯坦的亲西方政策为布托家族成员在巴基斯坦政治中的发展创造了有利条件。20 世纪七八十年代，两极格局表层下的国际关系开始发生巨大变化。在 60 年代蓬勃发展的民族独立和民族解放运动基础上，第三世界开始了建立国际政治新秩序的斗争，民主化浪潮席卷全球，为以民主为信条的布托家族人民党登上政治舞台提供了契机。

（三）布托家族自身力量的强大

布托家族拥有大量的土地资产，实力雄厚，为其政治发展奠定了经济基础。1967 年，阿里·布托创建了人民党，为布托家族提供了政治前提。在个人能力方面，以阿里·布托和贝·布托为主的布托家族成员都有着优秀的领导才能。1948 年，佐勒菲卡尔·阿里·布托留学美国伯里克利大学，学习国际法学。1951 年，阿里·布托在伯里克利大学毕业后，继续前往英国牛津大

① Dr. Raj Kumar, *Pakistan Peoples Party*, Sumit Enterprises, 2008, p. 1.
② 杨翠柏、刘成琼：《列国志：巴基斯坦》，社会科学文献出版社 2005 年版，第 41—42 页。
③ 杨翠柏主编：《南亚政治发展与宪政研究》，巴蜀书社 2010 年版，第 391 页。
④ Dr. Raj Kumar, *Pakistan Peoples Party*, Sumit Enterprises, 2008, p. 1.
⑤ 赵伯乐：《当代南亚国际关系》，中国社会科学出版社 2003 年版，第 64 页。

学进行法律学习。① 贝·布托从小受家庭环境影响，对政治耳濡目染。同时，贝·布托于 1969 年留学美国哈佛大学拉德克里夫学院②，1973 年，继续求学于牛津大学，并担任牛津大学辩论赛主席。③ 布托家族成员良好的教育，保证了布托家族领导人的个人能力。布托家族作为巴基斯坦传统的政治世家，其名望本身就是一种资产，容易取得上流社会和民众的支持。

三　结语

在社会经济与民主政治发展过程中，家族政治成为巴基斯坦的政治特色。历史和现实的双重因素使巴基斯坦家族政治形成并发展。家族政治作为一把"双刃剑"，至今仍在巴基斯坦的政坛上发挥作用。目前，巴基斯坦尚处于经济不发达、政局不稳定状态，为家族政治的存在提供了环境的同时也带来挑战。随着社会发展，这种政治和文化将会逐步消退。没有任何一种政府形式适合于一切国家。④ 要想寻找适合一个国家和地区的政治体制与制度，必须结合本国本地区具体情况，制定适合本国本地区的体制与制度。

参考文献

［1］ Dr. Raj Kumar, *Pakistan Peoples Party*, Sumit Enterprises, 2008.

［2］ Benazir Bhutto, *Benazir Bhutto*, *Daughter of the East*, Simon & Schuster UK Ltd. , 2007.

［3］［巴］贝·布托：《东方的女儿——贝·布托自传》，江亦丽、皋锋、王正译，译林出版社 2008 年版。

［4］［法］卢梭：《社会契约论》，李平沤译，商务印书馆 2011 年版。

［5］陆水林：《巴基斯坦》，重庆出版社 2004 年版。

［6］杨翠柏主编：《南亚政治发展与宪政研究》，巴蜀书社 2010 年版。

［7］杨翠柏、刘成琼：《列国志：巴基斯坦》，社会科学文献出版社 2005 年版。

［8］赵伯乐：《当代南亚国际关系》，中国社会科学出版社 2003 年版。

［9］刘德斌主编：《国际关系史》，高等教育出版社 2003 年版。

［10］刘文山等：《贝·布托传》，黑龙江人民出版社 1995 年版。

［11］润青、张建东：《布托家族》，社会科学文献出版社 1996 年版。

［12］孙红旗主编：《巴基斯坦研究》第一辑，中国社会科学出版社 2012 年版。

［13］马里克：《巴基斯坦史》，张文涛译，中国大百科全书出版社 2010 年版。

---

① 刘文山等：《贝·布托传》，黑龙江人民出版社 1995 年版，第 25 页。

② ［巴］贝·布托：《东方的女儿——贝·布托自传》，江亦丽、皋锋、王正译，译林出版社 2008 年版，第 46 页。

③ 同上书，第 69 页。

④ ［法］卢梭：《社会契约论》，李平沤译，商务印书馆 2011 年版，第 87 页。

［14］ 徐勇：《家族政治：亚洲政治的魔咒》，《学术月刊》2010 年第 12 期。

［15］ 陈金英：《南亚现代家族政治研究》，《国际论坛》2011 年第 13 卷第 4 期。

［16］ 陈山：《人民党与布托家族》，《世界知识》1993 年第 21 期。

［17］ 李伯顺：《台湾家族政治透视》，《统一论坛杂志》1998 年第 4 期。

［18］ 孟祥麟：《布托家族的悲情人生》，《报刊荟萃》2008 年第 3 期。

［19］ 官玉涛：《国际舞台上的家族政治》，《国际纵横》2010 年第 11 期。

［20］ 洪共福：《印度议会民主政体下的家族政治》，《阜阳师范学院学报》2011 年第 1 期。

［21］ 黄云松：《南亚国家政治发展的特点分析》，《成都大学学报》2011 年第 6 期。

［22］ 张松：《南亚政坛："家族二代"当道》，《文汇报》2012 年 4 月 19 日第 006 版。

［23］ 叶海林：《巴基斯坦政党背后的世家政治》，《文化纵横》2013 年第 1 期。

巴基斯坦应对公共危机的困境与
国际经验借鉴
——基于政府协调能力视角

杨静慧

摘　要　巴基斯坦作为研究政府应对公共危机的蓝本，显现出构建政府协调能力的必要性。在公共危机的治理困境中，巴基斯坦政府存在制度协调、人员协调、信息协调及物资协调等方面的能力缺失。从国际经验看，政府必须设立专门的应急管理机构，整合民间社会资源，构建统一的危机信息系统和物资保障体系，有效地提升协调能力。

关键词　政府协调能力　成功应对　公共危机

在危机管理已成为一种新的社会管理范式的当下，政府是核心的管理主体。巴基斯坦特殊的地理环境、政治制度、经济状况和宗教文化等特征，为研究政府应对公共危机提供了一个很好的蓝本。本文从政府协调能力视角解读公共危机治理，分别从制度、人员、信息和物资四个方面分析巴基斯坦危机治理的困境，试图建构政府协调能力的体系框架，全面提升政府协调能力。

一　巴基斯坦政府协调日显迫切

当今世界，无论是国内还是国际，无论是自然界还是人类社会，各种突发性事件、灾难性事件、群体性事件频发。这些事件对社会造成了消极的甚至是破坏性的影响，急剧改变了社会正常运行的环境和运行模式，从而打破了社会系统内部资源与外部环境之间的平衡。所以，社会需要开创一系列不同于惯例与常规的管理方式来克服危机事件对自身的威胁。[①]作为一个多族群的国家，巴基斯坦政府一直力求在多样性中寻求和谐，但特殊的自然状况、

[作者简介] 杨静慧，江苏师范大学管理学院讲师、硕士。
*　本文发表在《领导科学》2013 年第 2 期。
①　夏志强：《公共危机治理多元主体的功能耦合机制探析》，《中国行政管理》2009 年第 5 期。

历史条件和社会环境，却使这个古老国家深陷危机之中。2005 年 10 月 8 日，巴基斯坦北部发生里氏 7.6 级地震，造成 7 万多人死亡。2010 年 7 月，巴基斯坦遭受了历史上最严重的洪灾，洪灾不仅造成严重的人道主义灾难，也使巴基斯坦社会陷入全面危机，更是沉重地打击了人民党政府的威信，使巴基斯坦未来经济发展更加困难。由于历史宿怨、地理环境、宗教信仰和国家政策等方面原因，南亚地区一直是恐怖主义滋生和发展的沃土，这在巴基斯坦表现得尤为明显。"9·11"事件后，巴基斯坦成为打击恐怖主义的前沿阵地。巴基斯坦迫切需要走出困境，而这考验着政府治理公共危机的应急能力。就巴基斯坦而言，较为薄弱的一环就是政府协调能力。在应对公共危机时，虽然巴基斯坦政府尽力动员了全社会的力量，但被动员起来的力量并没有及时转化为应急的有效资源，主要原因之一就在于政府协调能力跟不上社会支援力量的集中爆发，各部门、地方和利益集团之间的沟通、协调存在障碍，拖延了应急决策的制定和实施。巴基斯坦现有的政府危机管理组织机构具有临时色彩，缺少常规的行政机构和专业人员，在进行跨部门协调时，工作量非常大，效果不明显。另外，危机预警技术也不能发挥作用。

正如加尔通（Johan Galtung）指出的，后现代社会抹平了社会关系所固有的垂直维度中的权威感和水平维度中的归属感。一方面使人们在日常生活中显得孤立无助，使社会陷入无结构和无组织的状态；另一方面又为建立新的原始模式提供了契机。[1] 公共危机事件在影响人们生活、破坏社会秩序的同时，对政府自身制度的建构和能力的提升也起到了积极的推动作用。当危机治理被视为社会治理的常规性概念之后，危机治理和政府的制度安排、政策制定、能力提升之间就必然产生内在的和谐与互动关系，因为公共危机的发生凸显了政府制度、政策、能力的缺陷。政府应对公共危机的过程不仅增强了政府自身能力，也提高了社会和公众的自我调节能力，增强了社会的适应性，提高了社会的宽容度。政府协调能力作为政府应急能力的重要组成部分，其结构的完善与提升必将有助于政府整合各类社会资源，最大化地利用公民、企业和社会团体力量，有效地治理公共危机，避免常发的公共危机给社会造成大的破坏，并能有效地降低严重的危机所带来的灾难性的后果。同时，政府协调能力的提升，也有助于全面提升全球化和信息化时代的政府综合能力，从而锻造出一个弹性化政府和宽容性社会，使政府管理不至于滞后于瞬息万变的社会。总之，"处理各种危机或突发性事件，维持人民安居乐业的社会秩序，是政府不可或缺的重要职责和必备能力"[2]，政府机构之间的合作、协调和整合，不管被叫作"协调性的、整体性的还是整合的或协调

---

① 渠敬东：《缺席与断裂——有关失范的社会学研究》，上海人民出版社 1999 年版，第 72 页。
② 金太军：《"非典"危机中的政府职责考量》，《南京师大学报》（社会科学版）2003 年第 4 期。

的，所有这些一直都是被政府组织看作要追求的目标"。①

二 巴基斯坦应对公共危机的困境

政府协调能力是政府实现其职能的综合性能力，是指政府正确认识互动关系，平衡利益，综合处理和统筹解决矛盾、冲突和危机的能力，直接决定着政府治理公共危机的水平和效果。这种协调能力体现在制度、人员、信息和物资四个方面，其中，制度协调能力是政府有效协调内外部资源的基本框架，限定了政府协调能力发挥的最大空间，而人员、信息、物资等方面的协调能力主要体现在政府获取资源、管理资源和分配资源的能力，这些协调能力的缺失使得巴基斯坦深陷危机应对的困境之中。

（一）制度协调问题

制度"是一个社会的游戏规则，更规范地说，它们是为决定人们的相互关系而人为设定的一些制约"②，它最显著的特点是具有强制性。制度以其强制的性质，克服着冲突与矛盾外化的张力。政府是制度的最大供给者，提供制度安排时，需要考虑三方面的因素：是否有利于实现社会稳定；是否有益于实现经济效益；是否有助于增加社会效益。政府通过强制性和引导性的制度安排来平衡多元利益格局，避免经济社会的革命性变革可能引致的政府治理危机。危机治理中的制度安排包括既有制度安排对危机治理的作用，以及政府致力于维护社会稳定、规避社会风险而做的制度安排和政策规定。从制度的维度应对公共危机，一般包括两方面内容：一方面是制度安排与危机情境和社会心理的契合问题。有效的制度能够依循文化认同和价值归属需要，把握利益配置过程，解释危机划分标准、危机处理的路径，分析公众对危机的态度与偏好。另一方面是制度安排要能够把握危机的类型、规模与演进趋势，从而探讨实现国家控制与社会协调的机制，进而诊断出政府应对公共危机的体制性缺陷，分析出危机治理中专家、管理者、公众与利益相关者的制度性关系的不确定性，并提出完善措施。据报道，由于人口迅速增长、农业生产效率低下，巴基斯坦可用水量呈下降趋势。公共危机治理作为一个过程，时间维度的介入，决定了危机治理的信度和效度表现为制度的动态性与连续性。首先，制度设计必须协调既有的价值和习惯。因为"任何一个立法者在考虑措施时不利用这种现成的习惯和感情，将是一个重大的错误"。③ 民族的

---

① 竺乾威：《公共行政理论》，复旦大学出版社 2008 年版，第 45 页。

② ［美］道格拉斯·C.诺斯：《制度、制度变迁与经济绩效》，刘守项译，上海三联书店 1994 年版，第 3 页。

③ ［英］J.S.密尔：《代议制政府》，汪瑄译，商务印书馆 1982 年版，第 11 页。

习惯、爱好和舆论能够为制度的实施铺平道路，从而使人们不仅易于接受，更会从一开始就尽其所能去维护这种制度，并努力付诸成效。2010 年夏季巴基斯坦特大洪灾发生后，中国水利科学院组织专家赴巴基斯坦进行实地考察，考察团所到之处的一些溃决口仍未采取堵口措施，相关部门也没有可行方案；大量积水不能快速外排，加重了洪水的危害。这不仅是由于制度的缺失，更重要的方面是与巴基斯坦人民既有的价值和习惯，即危机意识淡薄分不开。其次，制度设计要与社会的基础秩序相协调。制度的运作是以基础秩序为基础的，制度的失败有时也是由于基础秩序出了问题。制度本身解决不了的问题，往往可以通过基础秩序来解决。因此，与社会基础秩序相适应，是实现制度协调的保证，而巴基斯坦频发的政治危机正是其制度和体制的真实写照。

（二）人员协调问题

公共危机治理中相关人员的能力建设是其中的能动因素，直接决定着政府公共危机治理能力的提升和发挥。在任何危机治理中，都将涉及各级各类、各行各业的不同人员。为了保证公共危机管理部门做到高效指挥、有效协调、工作有序，必须对各类人员进行合理的整合和调配。首先，对各行各业的公共危机管理人才进行摸底统计，分类管理，"按照公共危机管理的需要提出科学的公共危机管理人才结构规划，培养危机管理的专业人才，建立危机管理教育机构，聘请专业人才对现有人员进行培训"。[1] 其次，注重现有应对危机的人力资源的培训与开发，建立科学有效的公共危机管理联动机制，把公共危机管理理念、知识与学校、企业、政府机关、社区的培训课程联系在一起，编制、出版相应的教材、读本，提高全社会的公共危机应对水平。巴基斯坦是一个洪水多发的国家，但其政府却很少组织防汛模拟演练，即使组织演练，演练过程也很短，而不注重即时性、实战性和真实抢险情况，因此，当洪水到来时，无法做到快速反应、科学决策、持久顽强和机动应变等抢险要素及目标。最后，全面提高国民应对公共危机的意识和基本素质，拓展全民动员、全民参与、共同防治公共危机的长效机制。可以借助电视、广播、互联网等大众传播媒介，介绍有关灾害、险情的预防及临时避难技巧，普及安全知识及一些可操作性较强的处理方法，并通过周期性组织模拟演练，有效地提高全体公民的危机应对能力，这是成功战胜一切公共危机的强有力的保证。中国水利科学院《巴基斯坦 2010 水灾考察报告》显示，巴基斯坦人的水患意识非常淡薄，是造成 2010 年夏季巴基斯坦自北向南遭受数十年不遇的特大水灾的重要原因。一方面，政府管理部门没有认识到洪水管理与社会发展严重的不适应性，存在明显的河道管理不力，河道游荡性没有得到有效

---

① 赵玉坤、王凤娥：《和谐社会视野下公共危机管理的人才策略》，《商场现代化》2009 年第 26 期。

控制，临堤行洪和横河现象十分突出。另一方面，巴基斯坦长期以来大量投入主要放在发展农业灌溉上，防洪方面无论是工程措施还是非工程措施，政府都没有专门部门进行系统的考虑，印度河下游右岸平原洪水无出路的问题由来已久，但一直未引起重视。

（三）信息协调问题

信息是政府决策的前提，信息越及时准确，信息协调能力越强，就越有利于公共危机的治理，否则只能是"巧妇难为无米之炊"。政府的信息协调能力包括：

第一，信息获取能力。当公共危机发生时，公共管理部门特别是危机管理组织必须第一时间获得准确、系统的客观资料，从而保证决策制定的时效性和科学性。由于政府需要及时、准确地获取必要信息，所以，应保证政府信息渠道的广泛性，确保政府信息沟通平台的现代化。面对下级报告的危机信息，相关部门应立即组织力量进行核查，并设法控制局势，以防危机进一步扩大，同时将调查情况及时向上汇报，任何组织或个人均不得谎报、缓报甚至漏报。

第二，信息分析能力。应对公共危机的过程中，大量信息扑面而来，政府应具备针对各种信息的辨识、筛选和去伪能力。公共危机管理的相关组织可借助媒体向社会公布统一的举报电话，方便公众维护自身权益，使他们有机会、有渠道将发现的危机隐患及时上报，并有权举报相关政府官员的渎职行为。同时，应当建立规范化的信息统计分析制度，利用数据库，迅速、有效地将各部门、各机构反映上来的信息汇总、筛选，并全面总结，及时形成系统的数据分析报告，供领导决策参考。

第三，信息反馈能力。手机、博客等新媒体的兴起，使每个人都可能成为信息源。当今社会已经进入了"全民记者"的信息时代，手机拍摄、博客播报可以突破各种封锁，将信息瞬间传遍世界。所以，政府更需要在第一时间做出反应、发出声音，保证信息渠道畅通、及时、权威，抢占信息源的制高点，形成与社会的良性互动，并争取社会的理解、配合和支持。对于影响强烈的重特大公共危机，政府还应召开新闻发布会，向社会公布危机的程度、治理的进度等，从而确保信息的准确性和权威性。巴基斯坦在历次危机化解中对于信息的获取和处理都相当滞后。2007 年 12 月 19 日凌晨，在巴基斯坦信德省发生的列车脱轨事件，造成 50 多人死亡、120 多人受伤；2010 年 7 月 28 日，巴基斯坦一架客机在首都伊斯兰堡即将降落时坠毁，机上 152 人全部罹难；2010 年 11 月 5 日，巴基斯坦一架小型飞机从南部港口城市卡拉奇起飞后不久便坠毁，机上 21 人全部遇难。这三起事故虽然都有天气恶劣等一些客观原因，但信息不畅和传递不及时却是最主要原因。

（四）物资协调问题

物资充足的供应储备是公共危机治理的必要物质基础和保证，而政府的物资协调能力是保证物资充足的前提。这种物资协调能力包括：

第一，应急物资储备能力。应急物品和资金支持是政府应对公共危机的重要支持系统。在制定年度财政预算时，作为危机管理主体的政府应该依据该年度工作计划和风险评估，将应对公共危机的经费、物品等事先预留出来，这一点是非常必要的，否则，当危机突袭时，政府的物资储备就不足以应对灾害损害，从而失信于民。2010年7月底的特大洪灾远远超出巴基斯坦人民党政府的救援能力，同时，救援物资不足，道路毁坏又致使物资无法运抵灾区，愤怒的民众将救援迟缓归咎于政府措施不力。灾后重建，物资仍然是首先需要解决的问题。

第二，应急物资调配能力。在应对公共危机的过程中，政府需要组建一个沟通顺畅、协调互补、反应灵敏的物资调配网络，优化资金和物品的调运，以确保灾害救援和市场供应。2009年，巴基斯坦政府军和塔利班武装的激烈交战迫使当地200万民众逃离家园，然而在难民中，只有很少一部分人获得了政府的照顾，造成广大难民的严重心理恐慌。因此，在非常时期，政府应有能力组织货源，严打哄抬物价，维护市场稳定，保障日常供应，满足人民群众的生活需要，避免造成社会恐慌。另外，危机发生后，也可以借助国际救援的力量重建家园。

第三，应急物资监管能力。面对重大公共危机，由于危害程度较严重、涉及范围广泛，因而需要建立监督管理机制，对国家和社会各界提供的应急物资的使用情况进行管理，并且对财政应急专项资金的具体使用实行内部审计和跟踪监控，确保物资的专项使用。对于那些社会捐赠的物资，要严格遵照相关的法律法规，依据完备的环节和手续，做到专人专管、财物相符、账目清晰，从而确保捐赠物资能够有效地用于公共危机的治理。

三　公共危机治理的国际经验借鉴

（一）设立专门的公共危机应急管理机构

由于公共危机具有危害性、突发性和频发性等特征，因而迫切需要政府将应急管理纳入日常的管理和运作之中，成为政府常规管理的基本组成部分。其实，就世界情况来看，组建专门应对公共危机的决策和协调机构已成为各国的共同举措。美国联邦紧急事务管理署（FEMA）作为政府处置紧急情况的最高管理机构，集合了分散于各个职能部门的危机和紧急事件应对功能，构建了一个统合军、警、消防、医疗、民间救助等组织的一体化协调系统，能够迅速调动资源，有效治理公共危机。英国政府则以具体危机事件的性质为依据，委任一个中央机关作为"领导政府部门"，其职能是在中央层面上沟通、协调各个组织的利益和行为，以确保各职能部门之间、部门与当地政府之间联系充分、渠道通畅，并负责收集相关信息及时向政府官员、国会、媒体和公众汇报。如社会排斥小组、妇女中心等就是为了处理一些需要跨越传统部门边界来解决的棘手问题而设立的。加拿大成立的应急管理局，作为一个独立的公共服务部门，与各省进行协调，执行和实施应急管理事务。德国成立的居民保护与灾害救助局下设危机管理中心，其具体组成包括共同报告和形势中心、危机预防信息系统、居民信息服务组织等多个机构。

（二）整合民间社会资源的危机应对力量

治理公共危机不仅是政府的职责，也是一项社会性行为，需要获取社会公众的支持和广泛参与。

首先，广泛利用各种传播手段和教育途径，宣传灾害知识，增强危机意识，增强群众预防危机的自觉性和主动性，同时通过日常训练、演习，教会大家如何有效避难、成功逃生。日本是一个地震灾害频发的国家，但多发的地震并没有造成巨大的损失，这与日本重视危机教育是分不开的。日本通过学校教育、媒体宣传、实践演习等方式，使人们能临危不乱、以不变应万变，极大地提高了整个民族有效应对危机的独特国民素质。

其次，发掘民间资源，调动民间组织参与危机治理的积极性。民间力量的介入，极大地激发了参与者的自豪感和使命感，增强了民族的凝聚力，同时也大大减轻了政府的压力。美国就经常借助广播等大众传媒号召民间的土木技师、建筑师、医护人员等专业人士参加到第一线的救援、抢险工作中；凭借广大的民间资源，组建赈灾联盟等民间组织。

最后，通过制度和法律建设，保障民间组织参与的规范化。通过学校教育、社会导向、舆论宣传等不断强化民众社会责任心和主人翁精神，提高参与的积极性和主动性。

（三）构建全国统一的公共危机信息系统

在公共危机的有效应对中，充分的信息协调至关重要，它能够预防与终止错误信息的传播，灵敏地感触到危机信息，及时启动预警，从而有效地防止危机的进一步扩大。同时，系统全面、准确适时的信息整合能够为危机评估提供有力的数据支持。因此，要建立交通运输通信保障机制。建立应急物资和队伍的紧急交通运输综合协调机制，开辟紧急运输通道和应急救援专用通道。建立跨部门、多手段、有线与无线相结合、微波和卫星相结合的反应敏捷、灵活机动、稳定可靠的应急通信系统，实现各应急指挥机构通信网络的连接，以确保危机信息的及时传递。同时，要建立透明的信息披露制度。

公共危机发生后，很容易引起人们的恐慌情绪，但是，滞后、错误、片面的信息则更使社会心态失常，导致骚动等社会失范现象。所以，政府必须及时向公众披露信息，争取舆论的主动权，化解紧张情绪，并且要做到言行一致，确立信息的可信度和权威性，争取群众的理解与支持。在这个过程中，政府可以巧借现代传媒的便利，有效地缓解社会紧张情绪。一些国家的媒体作为政府"公共危机信息代言人"，成功扮演着"政府危机管理形象的塑造者"的重要角色，一旦危机爆发，媒体应在政府与各种社会力量之间实现充分、深入的相互沟通，切实发挥稳定国民心态、缓解社会压力的功效。德国开发的"危机预防信息系统"为市民和危机反应建立起了一个网络，作为联邦和地方政府决策制定者的信息沟通支持，更好地为危机事件的援救提供信息服务。

（四）完善政府应急管理的物资保障体系

构建一个强有力的应急管理的物资保障体系是公共危机管理的一项基础性工作，应从以下几个方面加强。

第一，完善政府应急管理的物资保障制度。公共危机治理中各级政府及相关机构应确保应急处置所需的必要物资，比如，在应对公共卫生危急中，要保证医疗设备、救护药品等物资的供应。在特定情况下，危机应对部门有权依法紧急调集人员、物资及相关设施设备，必要时也可疏散相关人员，并依据法定程序封锁危机发生地。

第二，完善应急经费保障制度。要建立应急管理资金投入制度，设立专门的处置突发性事件预备资金。同时，建立政府、保险公司和担保人共同参与分担的灾害社会保险机制，提高风险防范和化解能力。要尽快健全应急物资和生活必需品储备、快速投放制度，以及灾民基本生活保障和公共卫生医疗救助机制。

第三，构建"五位一体"的物资储备系统。根据不同地区可能发生危机的类型、程度、频次等情况，由国家主管部门统一部署，各级基层政府组织指导，构建起一个以"国家为主体，军队为骨干、地方为补充、市场为辅助、家庭为基点"的"五位一体"的应急物资储备系统，有效地保障治理公共危机的物资需求。

第四，完善物资运输与配送系统。要修复被破坏的运输网络、合理规划运输线路，合理安排运输力量，分批分类输送救援物资，并在此基础上，通过预先配送、直接配送、接力配送、直接送达等方式，保证物资在第一时间准确送达。

从巴基斯坦 2013 年国会选举结果看
其政党政治变化

陶小月

　　摘　要　巴基斯坦是一个联邦制国家，国民议会选举是巴基斯坦政治生活中的重要活动。2013 年巴基斯坦国会选举于 2013 年 5 月 11 日进行，穆斯林联盟（谢派）成为第一大党，人民党沦为在野党，正义运动党发展势头强劲。这是本次大选政党政治最大的变化，对巴基斯坦的政局产生深远影响。本文试图从巴基斯坦 2013 年大选政党政治变化入手，分析变化原因，并对未来发展趋势做一展望。

　　关键词　巴基斯坦　国会选举　政党政治

　　2013 年巴基斯坦国会选举于 2013 年 5 月 11 日进行。其中选出巴基斯坦国会下院国民议会以及旁遮普省、信德省、俾路支省、开伯尔·普赫图赫瓦省 4 个省议会。巴基斯坦选举委员会 14 号公布结果显示，穆斯林联盟（后简称穆盟）谢里夫派（后简称谢派）在国民议会选举中成为第一大党，获得优先组阁权。巴基斯坦主要政党力量发生了重大调整：穆盟（谢派）成为此次议会选举的最大的胜利者；而最大的对手巴基斯坦人民党（PPP）则沦为最大的在野党；巴基斯坦正义运动党（PTI）也取得了前所未有的好成绩。本文通过巴基斯坦 2013 年大选，拟考察巴基斯坦政党政治的变化，进而分析其原因，有助于进一步认识巴基斯坦政治制度的运行状况及其现实表现。

一　2013 年巴基斯坦大选概况

（一）2013 年巴基斯坦大选的基本情况

　　2013 年巴基斯坦大选在穆盟（谢派）、人民党和正义运动党空前激烈的

　　［作者简介］陶小月：江苏师范大学历史文化旅游学院，江苏师范大学巴基斯坦研究中心 2013 年硕士研究生。

竞选中落下帷幕。选举结果，穆盟（谢派）候选人纳瓦兹·谢里夫以 181 票，超过半数（172 票）取得了压倒性胜利，这也是谢里夫本人在阔别政坛十多年后，第三次担任巴基斯坦总理一职，成为巴基斯坦自 1947 年成立以来，当选总理次数最多的领导人。人民党则只拿到 40 席，仅在信德省占有一席之位。正义运动党获得了 35 席并在开伯尔·普赫图赫瓦省执政，其政治影响力显著提高。选举在遍布全国的 69801 个投票站同时进行。[①] 联邦政府为此次选举提供了超过 50 万的服务人员，包括陆军、骑兵、警察以及来自各地的志愿者，5 万名士兵组成快速反应部队，随时待命，准备应对紧急情况，更凸显了此次选举对于巴基斯坦的重大意义。

（二）2013 年巴基斯坦大选的特点

从选举政治的角度分析，2013 年大选主要呈现出以下特点：

1. 民众维护自身权利的意识提高

近年来，随着民主观念深入人心、民众政治权利意识和法治观念日益增强。尽管安全形势严峻，多数选民仍积极参加选举，表达自己"求变"的意愿，人民党在任期间的政绩让民众大失所望。2012—2013 财年巴基斯坦 GDP 增长率为 3.6%，农业占的 GDP 21.4%，工业占 20.9%，服务业占 57.7%；人均国民收入为 1368 美元。[②]《2011—2012 财年巴基斯坦经济报告》显示，此前设定的巴基斯坦本财年所有主要经济指标均未实现。GDP 实际增幅设定目标为 4.2%，实际约为 3.7%；预定财政赤字占 GDP 的 4%，而财年前十个月实际已达 5%；农业预计增长 3.4%，实际为 3.13%；服务业预计增长 5%，实际为 4%。[③] 1972—2010 年，巴基斯坦 GDP 平均年增长率为 4.2%。而 20 世纪 60 年代，巴基斯坦 GDP 平均增长率则高达 7%。由此可以看出，巴基斯坦经济，从总体上看，在走下坡路，2013 年经济更是糟糕，巴基斯坦经济基础薄弱。新华社报道的《巴基斯坦人爆炸声中大选投票》描述了当天的场景。"炸弹挡不住民主的步伐，尽管塔利班早就发出威胁，投票日当天也传出爆炸声，但这并没有阻止选民走出家门，前往投票站投票。（5 月）11 日天还蒙蒙亮，许多投票站前就排起了长长的队伍。"[④] 巴基斯坦的投票率历

---

① Muhammad Saleh Zaafir report：People make or break leaders today, Saturday, May 11, 2013, http：//www. thenews. com. pk/Todays – News – 13 – 22767 – People – make – or – break – leaders – today.

② 中华人民共和国驻巴基斯坦伊斯兰堡共和国大使馆经济商务参赞处：《巴基斯坦 2012—2013 财年经济报告出炉》，2013 年 6 月 13 日，http：//pk. mofcom. gov. cn/article/jmxw/201306/20130600161264. shtml。

③ 中华人民共和国驻巴基斯坦伊斯兰堡共和国大使馆经济商务参赞处：《巴 2011—2012 财年主要经济指标均未实现》，2012 年 6 月 8 日，http：//pk. mofcom. gov. cn/article/jmxw/201206/20120608168985. shtml。

④ 新华网：《巴基斯坦爆炸声中举行大选投票》，2013 年 5 月 12 日，http：//news. xinhuanet. com/world/2013 – 05/12/c_ 124697373. htm。

来不高,1977年,巴基斯坦大选的投票率为55.02%,1985年投票率则更少,只有52.93%,到1997年则为35.17%,是历届巴基斯坦大选中投票率最低的一次。到2002年有小幅度上升,有41.80%,上一届的大选也就只有44.55%。[①] 巴基斯坦选举委员会表示,这次选举的投票率高达60%以上,是往届选举所没有的。这一现象表明,选民认为,需要通过选举来表明自己态度的时候到了,人民对政府施政有所不满。

人民党在任职期间,一方面未能改善经济发展缓慢、抑制地方政府腐败等现象;另一方面国内安全形势严重威胁巴基斯坦人民的生命安全。巴基斯坦政治更迭,国内政局动荡,安全形势恶化,主要是由于巴基斯坦国内复杂的民族矛盾和宗教冲突;恐怖主义活动和袭击事件在巴基斯坦频繁发生。这些变化促使竞选者要关注民生,解决实际问题。

2. 军方势力逐渐走向幕后

军方历来都是巴基斯坦国内的特殊政治势力。1947年独立以来,巴基斯坦文官政府与军人总统交替执政,多党议会制数次被军政权打断,军人执政时间近一半。印巴分治以来,巴基斯坦军方曾3次执掌政权,共计32年之久,但在民主进程驱动下,巴基斯坦军人政权卷土重来的概率很小。从国内局势看,首先,三次军人政权垮台的历史背景分别是:1971年东巴基斯坦独立,成立孟加拉国,军队颜面扫地主动交权;1988年齐亚·哈克将军遭遇空难;2008年穆沙拉夫被迫向民选政府交权。可以看到,越到后期民众不愿让军方统治的意愿越明显,即使有人希望军人回来,也不希望军人直接统治。其次,军人得政权易,保政权难。巴基斯坦军方是中产阶级,他们不具备世族大家、部落团体那样的势力和财力。就国际形势而言,在全球,已难挡民主化的发展趋势,那些长期处于军人掌权的军事专制统治的国家,如拉美、亚洲曾一度很普遍,近年来,趋向民主化,或者说,军人独裁统治在世界范围内已不再流行。美国一贯不支持军人政变,谢里夫总理又与沙特王室过从甚密,巴军方眼下很难找到发动政变的外部支持。巴基斯坦军队也有意退出政界,趋于专业化,面对频繁的恐怖袭击等安全隐患,民众更多的是希望军队可以保护自身的安全。

3. 大党发挥主要作用的联盟政治形态

巴基斯坦政党数量繁多,但是,在国家政治生活中起主要作用的只有少数几个政党。巴基斯坦独立以来,除军人执政时期,主要由人民党和穆盟(谢派)两大党交替执政。但是,随各国政治和社会不断向多元化方向发展,已经没有一个大党可以独揽大权,大党通常需要联合其他政党才能上台执政、

---

① Today is day for people to show power: CEC, 2013 年 5 月 11 日, http://www.thenews.com.pk/Todays-News-13-22768-Today-is-day-for-people-to-show-power-CEC.

稳固政权，联盟政治逐渐成为巴基斯坦政党政治常态。[①] 2008 年国民议会选举时，人民党与穆盟（谢派）联合起来，调整议会席位，以绝对优势让亲穆沙拉夫的前执政党下台。但人民党对穆盟（谢派）有防范之心，从长远看，穆盟（谢派）才是人民党最大的竞争对手。此次大选，穆盟（谢派）以绝对优势取得胜利，虽然人民党有所不满，但是，结果已成定局。穆盟（谢派）取得政权后，立刻拉拢其他党派，巩固自己的政权。对于穆盟（谢派）而言，大选后最重要的是实现党派间合作，政党间的和谐有利于社会的稳定。

此次大选表明，巴基斯坦的政党政治进一步成熟。在巴基斯坦历史上曾出现过在大选后各党把一党利益置于人民利益之上而导致政局失控的事。本次大选基本是按照选举的游戏规则，保证政局的稳定。大选结束后，巴基斯坦政党政治产生新变化，这些变化对未来巴基斯坦政治发展产生深远影响。

二 巴基斯坦大选后政党政治的新变化

政党政治属于政治体系范畴。政党政治是指政党在政治运作中扮演关键角色，在国家政治、政府治理和社会生活中发挥重要功能，包括正当选举、组阁、执政和施政等问题而进行的一切活动。[②] 巴基斯坦政党颇具特色。在巴基斯坦建国后的短短 60 多年中，先后存在的政党达数百个，只有少数政党存在的时间较长，其余政党均是昙花一现，生命周期很短；但新的政党又不断涌现。巴基斯坦最大的穆斯林联盟，是巴独立运动的主要领导者，在巴独立后很自然地成为影响力最大的政党，但因其奠基者穆罕穆德·阿里·真纳的逝世，该党很快分裂成为几派。穆斯林联盟势力遭到极大削弱。加之，巴基斯坦自独立以后，4 次军事政变，军人独裁统治，民主政党常处于被取代状态。每个政党要想得到更多的支持，只能找出大多数人或各种利益共同体共同要求的利益表达内容和方式，因而使政党更全心全意为人民服务。选举制度是政党博弈的结果。在这场博弈中，在国会中占优势地位的大党往往更能实现自己的意志。此次大选政党政治主要有以下变化：穆盟（谢派）一党独大，人民党和正义运动党在管辖的省份中占有一席的政党格局初具雏形。

（一）穆盟（谢派）一党独大

巴基斯坦 2013 年大选结束后，原最大在野党穆盟（谢派）最终获得超过国民议会半数以上席位票数，实现独立组阁，党首谢里夫担任总理，同时，有 13 位赢得国民议会席位的独立候选人表示愿加入穆盟（谢派），进一步巩固了穆盟（谢派）在议会中的地位。该党还联合地方政党在俾路支省执政。

① 崔翔、杜小林：《南亚政党政治发展特点与趋势》，《当代世界》2013 年第 10 期。
② 李文：《东亚：政党政治与政治参与》，世界知识出版社 2007 年版，第 2 页。

谢里夫的胞弟夏巴兹继续担任旁遮普省首席部长，这也确保穆盟（谢派）的大本营。① 谢里夫对巴开出的药方就是发展经济，而经济事务也是他在选举中最大的"卖点"。经过多年的政治纷争后，巴基斯坦的经济发展艰难，作为一个农业大国，经济基础本来就很薄弱的巴基斯坦，加之贪污腐败现象严重，更激起了民众不满。在竞选中，谢里夫提出自由市场和为经济松绑等政策主张，允诺快速发展经济。谢里夫的竞选策略大大吸引了民众的注意力。此外，2013 年 7 月 30 日选出的新总统马姆努恩·侯赛因也是穆盟（谢派）派出的候选人，这将更有利于谢里夫实施新政。现在的谢里夫政府相对强势，反对党力量薄弱。当然，一党独大可能会导致某种程度的专权和腐败。谢里夫政府要想治理好巴基斯坦，目前最重要的就是壮大自己的政党，为人民做事，专权在一定程度上也有利于管理国家。但是，如果穆盟（谢派）利用自己专权做不利于国家发展的事情，那就会遭受弹劾，人民甚至会不惜一切代价迫使该政府下台。正如塞缪尔·亨廷顿所说："政党体系十分真实地反映社会面貌，作为政党体系组成部分的政党很难摆脱它们所依附的社会力量而自行其是。"②

（二）人民党退回地方

人民党最终在国民议会中只拿到 40 席，接受穆盟（谢派）在国民议会中占席位最多这一事实，其只能在自己的传统根据地信德省保留一些地位，信德省议会中获得了 90 席（共 162 席）。人民党为巩固其在传统根据地的地位，不得不与各盟党组成联合政府，主要与该省第二大党统一民族运动党团结一致。人民党在执政期间给巴基斯坦民众带来的实际生活水平的改善非常有限，再加上自身腐败严重，它对下层人民的吸引力明显下降，使其逐渐失去民心。对于人民党而言，败选只是其发展中遇到的一次挫折，并不代表该党派的衰弱。人民党虽然对谢里夫领导的新政府有所不满，但是，对现政府还是支持的。

（三）新政党发展势头强

在这次大选中，正义运动党获得了前所未有的好成绩。伊姆兰·汗领导的正义运动党最后以 35 席成为国民议会第三大党，并在开伯尔·普赫图赫瓦省赢得了 45 席，这一政党的出现也打破了传统两大政党支配议会的局面，更有利于民主政治的发展。正义运动党的表现赢得了许多城市年轻人的支持，伊姆兰·汗原来是体育界的传奇——板球历史上最好的全能手之一，这也为

---

① 李青燕：《巴基斯坦政党政治版图重组及影响》，《当代世界》2014 年第 2 期。
② ［美］塞缪尔·P．亨廷顿：《变动社会的政治秩序》，张岱云等译，上海译文出版社 1988 年版，第 461 页。

他的从政道路锦上添花。伊姆兰·汗在竞选宣言中曾说,他要终结腐败,制止美军在巴境内发动针对塔利班武装人员的无人机打击。作为新生政治力量,此番誓言正好符合巴青年选民的心意,他们不愿受传统世族势力约束。近年来,正义运动党对谢里夫组建的政府进行抗议,使巴基斯坦陷入乱局,可能是执政党在议会中占据席位过多,从而忽略了反对党的一些诉求。伊姆兰·汗本人过于激进,他自身无法接受大选结果,致使巴基斯坦国内自 2013 年大选后一直处于动荡。

此次大选后政党政治的变化标志着民主进程向前推进,尽管巴基斯坦的政党和政党政治还不够成熟,但本次大选基本在公平竞争的规则下完成。

三 大选后政党政治变化的动因

引发巴基斯坦政党政治变化的因素可以归纳为家族势力、抑制腐败和主权维护三个方面。

(一) 家族势力

回顾巴基斯坦 60 多年历史,在整个政坛上影响最深的不是军人统治的那些军人,而是世世代代生活在相对固定根据地的家族势力,最突出的是信德省的布托家族以及旁遮普省的谢里夫家族。谢里夫和布托两大家族对于巴基斯坦整个政治史上都是不容小觑的。对于这次大选的获胜者谢里夫来说,其家族作为巴基斯坦声望很高的家族势力,一定程度是传统上的商业与地产利益的代表者。谢里夫家族长期在巴基斯坦人口最多的省份旁遮普从事钢铁业,从巴基斯坦总体来看,它是一个贫穷落后的国家,但谢里夫家族几乎掌控着旁遮普省整个经济命脉。在谢里夫前两次任巴基斯坦总理期间,曾在国内推行自由市场经济政策。因此,此次民众推选其为巴基斯坦总理也是期待他通过市场化改革来改变国内经济停滞不前的现状,以及解决能源缺乏,尤其是电力不足问题。在国家安全问题上,谢里夫主张推动与巴基斯坦塔利班和谈以解决国家安全问题,这一立场也得到了巴基斯坦塔利班的暂时认可,因此该党在大选前所受恐怖袭击较少。

(二) 抑制腐败

腐败问题在巴基斯坦一直很严重,几届领导人都因贪污腐败而被迫辞去总理总统一职。巴基斯坦的政治精英大部分都是以贵族血缘和家族的财富为基础的,与企业、商界关系亲密,政界与商界的这种密切关系导致巴基斯坦贿选的盛行。在巴基斯坦,受贿丑闻的揭露曾使人民党的政治家威信扫地,遭到普遍的指责和反对。1999 年 4 月,贝·布托与丈夫一起因腐败和滥用职权被判处 5 年监禁,并被处以 860 万美元罚款,从此开始一家流亡海外。虽然之后 2008 年大选人民党获胜，但民众认为，政治领袖的政治道德已今非昔比，并且在其执政的 5 年内，国内贪污腐败并没有实质性改变。建立制度化的、透明度、合理而合法的政党募集资金的途径和机制以减少公众的怀疑、批评和政党的腐败，是未来几年甚至几十年巴基斯坦民主政治阵营的关键问题之一。在政治领域，尤其是在政党政治的运作中，对政治资金的来源和使用增加透明度的呼声和压力，将使那些"传统的"权钱交易方式越来越难以继续下去了。这一点，穆盟（谢派）这几年在旁遮普省做出的成绩得到了普遍民众的认可，民众希望在其领导下的国内贪污腐败问题有所改善。

（三）主权维护

自 "9·11" 事件后，美国将巴基斯坦作为反恐战争的前线国家。可是近几年，美国以反恐为由，不断出现无人机袭击事件，造成大量民众伤亡，美国这一举动已严重威胁巴基斯坦的领土主权。巴基斯坦社会各界都主张与巴基斯坦塔利班武装组织进行对话，政治解决安全问题。与巴基斯坦塔利班势力的对话意味着与美国的反恐战略背道而驰。美国和北约计划，美军和北约军队 2014 年年底前将结束在阿富汗境内长达 12 年的作战任务，那么巴基斯坦方调整反恐策略势在必行。为了获得民众支持，巴基斯坦候选人对美国的态度必须强硬，至少在竞选过程中表现出强烈的国家独立性，维护了国家主权。

另外，巴基斯坦国内严峻的安全局势已经严重地影响了巴基斯坦社会经济的发展和人民的生活。

四 总结

国民议会选举是巴基斯坦政治生活中的重要活动，赢得大选胜利的党派不仅是为了在政坛上展现自己的才能，更重要的是为了维护本党派在国家中的利益。但是，巴基斯坦的政党政治目前正处于变化过程中，各种不确定因素随时都会影响巴基斯坦政党政治的变化。如大选结束后，人民党和正义运动党一直强调有多个政党有选举舞弊和操纵选票等问题，而向选举委员会提出申诉。2013 年 5 月，谢里夫成功组阁后，就爆发了大规模游行，抗议选举舞弊。在过去的一年里，正义运动党主席不断指责选举涉嫌欺诈，要求谢里夫辞职，直到 2014 年 8 月 12 日，谢里夫公开表示拒绝辞职。有分析家指出：对巴基斯坦来说，败选者接受大选结果甚至比谁赢得大选还要重要。正义运动党和反对党人民运动党却不能接受大选结果，直到今天，游行抗议活动仍在持续，这将不利于政府安心治理国家，不利于国家的稳定。巴历史上多次出现政局动荡时都是由军方接管政权，对于刚刚恢复民主政治道路的巴基斯坦而言，这是各党派领导人都不希望看到的。

　　从巴基斯坦 2013 年大选的结果和巴基斯坦新一届政府经过一年多的执政可以看到，巴基斯坦经济政治发展状况逐渐稳定，民主政治继续推行，政党关注民生，经济、安全状况也有所好转。巴基斯坦公布 2013—2014 财年前 11 个月的经济数据，各项主要指标表现良好，反映巴基斯坦经济的积极走势。2013 年 7 月至 2014 年 5 月，巴基斯坦财政收入 19550 亿卢比，同比增长 16.4%；财政赤字占 GDP 的 4.2%，低于前一财年同期的 6.6%；侨汇收入 143.3 亿美元，同比增长 12.39%；出口 231.1 亿美元，同比增长 3.72%；进口 407.7 亿美元，同比下降 0.6%；贸易逆差 176.6 亿美元，同比缩小 5.7%；截至 6 月 9 日的外汇储备达到 134.5 亿美元；消费价格指数同比增长 8.66%；大型制造业指数增长 4.3%；对私营领域信贷 3289 亿卢比，同比增长 796.66%。该财年前 6 个月的 GDP 增长率为 4.1%，高于 2012—2013 财年同期的 3.4%。①

　　尽管政党政治的新格局使穆盟（谢派）在国会占有空前执政优势，但对于谢里夫而言，未来执政道路充满挑战，特别是经济和反恐方面的问题，巴基斯坦国内存在的这些问题绝非一日形成的，不可能靠谢里夫上台这几年完全改变，未来巴基斯坦还有很长的路要走。

参考文献

[1] Mohammad Waseem, *Democratization in Pakistan – A study of the* 2002 *Elections*. Oxford University Press, 2006.

[2] Veena Kukreja Mahendra Prasad Singh, *Democracy*, *Development and Discontent in South Asia*. Sage publications India Pvt Ltd. , 2008.

[3] Pakistan, Economy, http：//www. adb. org/countries/pakistan/economy.

[4] Elections 2013 News, 2013 – 05 – 14, http：//www. app. com. pk/en_ /index. php? option = com_ content&task = blogcategory&id = 185&Itemid = 251.

[5] http：//www. thenews. com. pk/Todays – News – 13 – 23075 – It's – time – US – respected – Pak – sovereignty – says – Nawaz, 2013 年 5 月 25 日。

[6] 李路曲：《当代东亚政党政治的发展》，学林出版社 2005 年版。

[7] 李文：《东亚：政党政治与政治参与》，世界知识出版社 2007 年版。

[8] 杨翠柏、刘成琼：《巴基斯坦》，社会科学文献出版社 2005 年版。

[9] 伊夫提哈尔·H. 马里克：《巴基斯坦史》，张文涛译，中国大百科全书出版社 2010 年版。

[10] 吴永年：《巴基斯坦军人政权与民主政治》，《世界政治与经济》2007 年第 11 期。

————————————

　　① 中华人民共和国驻巴基斯坦伊斯兰堡共和国大使馆经济商务参赞处：《巴基斯坦公布 2013—2014 财年经济数据》，2014 年 7 月 1 日，http：//pk. mofcom. gov. cn/article/jmxw/201407/20140700646721. shtml。

[11] 陈继东:《巴基斯坦议会选举与政党实力消长》,《南亚研究季刊》2008 年第 2 期。

[12] 张世均:《从孟加拉国第九届议会选举看其政治发展趋势》,《西南大学学报》(社会科学版) 2010 年第 7 期。

[13] 张云:《马来西亚政党政治的变化及其走向》,《东南亚研究》2001 年第 2 期。

[14] 崔翔、杜小林:《南亚政党政治发展特点与趋势》,《当代世界》2013 年第 10 期。

[15] [美] 塞缪尔·P. 亨廷顿:《变动社会的政治秩序》,张岱云等译,上海译文出版社 1988 年版。

2014 年中国巴基斯坦研究综述

一　关于巴基斯坦政治、文化、宗教的研究

（一）政治问题

2014 年 8 月起，巴基斯坦国内政治运动风起云涌，正义运动党和人民运动党分别发动了大规模群众示威运动。9 月初，巴基斯坦首都伊斯兰堡又出现"帐篷抗议"活动，目标直指谢里夫政权。对此，中国很多学者给予关注，如王世达博士的《巴基斯坦政局动荡及其前景分析》（《现代国际关系》2014 年第 10 期）。他认为，巴基斯坦此次政治危机表现出明显的阶段性，即酝酿发酵阶段、集中爆发阶段和持续发展阶段，这既有伊姆兰·汗和卡德里的个人因素，也有巴国内政治顽疾难除的原因——独立几十年来尚未成熟的高层权力转移机制。作者认为，谢里夫的政治根基比较稳固，他应该可以渡过政治危机。鉴于巴基斯坦政治、经济和安全领域都面临严峻挑战，军方不太可能主动出手采取军管措施。但无论如何，此次政治运动已经对巴基斯坦造成经济持续低迷、政府威望受到挑战等一系列负面影响。

李青燕的文章《巴基斯坦政党政治版图重组及影响》则对 2013 年巴基斯坦国民议会和省议会选举后出现的政党力量对比态势做了说明。她首先分析了巴基斯坦此次政权更迭的背景，指出因为经济发展面临困境，导致人民生产生活受到严重影响，人民思变心切；人民党一直深陷执政危机，政局持续动荡；国内安全局势极其严峻，一些地方"越反越恐"。2013 年选举结束后，巴基斯坦政党政治发生一些变化，其主要表现为：穆盟（谢派）一家独大，人民党退居一省；正义运动党开始崭露头角，而宗教政党表现欠佳。作者认为，造成这种变化的原因在于民心思变，人民渴望通过政治选举表达政治诉求，改变当前局面；谢里夫的竞选策略贴近民生，十分得当等。新的政治格局使谢里夫政府获得了空前政治资源，但是，他同样面临着实现经济复苏和稳定国内外形势的挑战，新政府的任务仍然十分艰巨。

张晓东在《新世纪以来巴基斯坦国内政治的变迁》（《东南亚研究》2014年第 2 期）中以 21 世纪以来特别是 2007 年以来逐步形成的司法政治力量为背景，分析了巴基斯坦国内的政治变迁。文章认为，穆沙拉夫罢免最高大法官伊夫提克哈尔·乔杜里引起的司法危机点燃了政局动荡的导火索，并导致

他最终走下政治舞台。最高法院首席大法官作为司法体系的代表，在政治角逐中发挥着越来越重要的作用。同样，宗教极端主义和巴塔势力有所扩张，将对未来的巴基斯坦政局产生重要影响。

对于扎尔达里总统带领的巴基斯坦人民党执政情况，国内学者也给予了关注。如向文华的《扎尔达里时期人民党执政实践评价》（《当代社会主义问题》2014 年第 3 期）就对五年来巴基斯坦的政治经济社会发展状况进行了解读。作者认为，人民党在巴基斯坦历史上首次完成了五年任期，通过了《宪法第十八修正案》。在国内政治发展和民生进步方面，实施民族和解政策，推行共识政治，调整中央与地方权限分配，推进社会保障制度建设等，最大限度地维护了社会稳定。但是，这期间存在的腐败问题、安全问题和教派暴力冲突问题等，也使扎尔达里政府备受质疑。作者还分析了人民党执政期间在经济发展方面取得的成就和存在的决策失误。

刘向阳则把目光投向复杂的普什图尼斯坦问题，即居住在巴基斯坦西北边境地区的普什图人及其领土的归属问题，属于跨境民族问题。他的《普什图尼斯坦问题产生和发展的原因探析》（《贵州师范大学学报》2014 年第 1 期）一文对这一问题产生的历史根源进行了回顾，指出英国所主导的杜兰线的划分为日后的相关矛盾埋下伏笔。从政治、经济以及战略上，巴阿两国都不会放弃巴基斯坦境内普什图人及其领土。而在这一地区有着重大战略利益或者战略影响的伊朗、印度、苏联和美国因为不同的战略目的所施加的影响使其更加复杂化。

此外，还有人对俾路支相关问题进行了探讨。如于开明的硕士学位论文《巴基斯坦俾路支问题研究》、宗蔚的《巴基斯坦俾路支解放军的起源、发展及走向探析》《印度洋经济体研究》（2014 年 4 月）等。

（二）塔利班和反恐问题

2014 年，国内对巴基斯坦安全问题聚焦在巴基斯坦塔利班的发展态势、巴政府对塔利班的打击与和谈、巴基斯坦国内安全局势分析等方面。其中，《人民日报》和《光明日报》驻巴基斯坦记者以新闻视野多次关注当地局势。如《人民日报》驻巴基斯坦记者杨迅的《巴基斯坦政府与塔利班的和谈陷僵局》（《人民日报》2014 年 2 月 25 日）对双方和谈进程进行了报道，他的另外一篇文章《巴基斯坦安全形势蒙阴影》（《人民日报》2014 年 6 月 10 日）对 6 月 8 日深夜发生在卡拉奇致死 29 人死亡 26 人受伤的恐怖袭击及时关注，《光明日报》驻巴基斯坦记者贺斌的《巴基斯坦：清除恐怖分子"一个也不留"》（《光明日报》2014 年 6 月 20 日）就巴基斯坦对藏匿于西北边境地区北瓦济利斯坦部落地区的本国和外国武装恐怖分子的军事打击行动进行了报道，杨迅也就这一反恐行动（利剑行动）进行了持续关注（《巴基斯坦反恐行动初见成效》，《人民日报》2014 年 7 月 25 日）。

　　国内相关学者也对巴基斯坦恐怖主义的现状进行了分析和研究。戴永红和李红梅的《巴基斯坦恐怖主义发展趋势探析》(《现代国际关系》2014 年第 3 期)以南亚反恐门户网 SATP 发表的 2012 年和 2013 年《巴基斯坦恐怖主义评估》报告数据为基础,对巴基斯坦恐怖活动的新趋势、发展原因进行了分析并展望安全前景。文章指出,2009—2013 年巴基斯坦恐怖主义逐年递减后出现反弹,破坏性日趋严重;恐怖活动区域由点带面呈扩散化态势,主要集中在俾路支斯坦、联邦直辖部落区、开伯尔·普赫图赫瓦省(西北边境省)但也有向外扩展趋势;恐怖袭击伤亡主体日趋平民化,袭击活动更加频繁;恐怖袭击手段多样化,袭击手段日益科技化。产生这些恐怖主义的新特点既有深刻的国内因素也有来自美国等国的国外因素。国内因素源于经济落后,经济基础脆弱单一,军事反恐引发了恐怖主义局部反弹;国外因素则是美国无人机反恐行动产生的双重效应。对于巴基斯坦国内反恐形势,文章指出,可能会出现"越打越散"以及伊斯兰激进主义可能会转变成为恐怖主义的新态势,并提示巴基斯坦应该提防可能绑在美国反恐主义的战车上,陷入美国反恐的历史"怪圈"。

　　富育红的《阿富汗塔利班和巴基斯坦塔利班的比较分析》(《国际政治科学》2014 年第 1 期)则对两国塔利班的组织特点、组织方式和未来发展进行了比较。文章认为,塔利班的思想主要来源于"变种"的迪欧班迪主义和瓦哈比思想,以及普什图文化的核心法则:荣誉、复仇、好客、服从等。文章根据西方学者论述指出,阿塔组织方式和管理中,"传统派"相对"外国派"占据主导地位,但他们都反对西方国家在阿富汗的军事存在并希望建立独立的伊斯兰国家。巴塔也主要由普什图人构成,但基本上都是处于政府对立面的群体。阿塔成员更多来自下层群众,组织管理上属于垂直的指挥结构,巴塔成员大都来自部落区,结构复杂,指挥结构松散,属于扁平化的管理模式。在经济活动中,阿塔建立了"高度秩序性"的毒品产销体系,每年可以从毒品贸易中获利两亿美元以上资金,而"毒品运输"就成为巴塔的重要经济活动之一。政治统治方式中,现在的阿塔主要以威胁恐吓、提供公平审判和安全等,而巴塔的方式则是威胁与暴力。军事活动中,阿塔以游击战和恐怖袭击为主,巴塔则以自杀式袭击为主。文章还对阿塔与巴塔对军事活动目标和范围做了分析。

　　作者结合美国、阿富汗和巴基斯坦三国政府的政策取向以及国内外形势分析认为,阿塔具备扩大控制区域的能力,稳固其在阿富汗东部和南部的地位,但控制全国的可能性不大;巴塔短期内不会消亡,总体实力会越来越削弱,从而日益失去民心。

　　此外,2014 年还有以何美兰的《巴基斯坦政府与塔利班的和谈》(《南亚研究季刊》2014 年第 3 期)和姚芸的《巴基斯坦谢里夫政府与巴塔和谈的进程及前景》(《国际研究参考》2014 年第 5 期)为代表的巴政府与巴塔和谈的分析文章。他们在对巴塔和谈的国内外环境、双方的诚意和面临的挑战进行深入分析的基础上，都得出了和谈前景不容乐观的结论。

二　关于中巴关系研究

（一）中巴关系整体

何美兰博士重新审视了中巴关系，她在《21世纪的中巴关系：不同的视角》［《河北师范大学学报》（哲学社会科学版）2014年第3期］中说，中巴两国政府之间的友好关系毋庸置疑，但是，"普通中国大众，他们关于巴基斯坦这个国家和巴基斯坦人的知识非常欠缺"，虽然多数中国人对巴基斯坦国民持非常友好的态度。而她引用巴基斯坦一些智库学者和官方舆论的发言表明，巴基斯坦"部分阶层对兄弟般的中巴关系也有某种迷惑与疑虑"，当然这并不是主流看法。在解读其他国家对中巴关系的看法时，引用美国南亚研究著名学者丽萨·科迪斯的看法认为，中国和巴基斯坦的经济关系极其有限，中巴关系替代美巴关系的前景将会"十分牵强"；她还引用路透社驻北京记者据Sui—Lee Wee的话，"中国也不希望再次陷入南亚次大陆的安全紧张关系中，干扰到正在回暖的中印关系。为保持这种微妙的平衡，中国将继续支持与巴基斯坦的经济合作，但会放缓与后者的国防合作"；印度学者曼普瑞特·赛蒂（Manpreet Sethi）在《外交家》网站上发表题为《中国与巴基斯坦关系》的文章，讥讽巴基斯坦政府在处理与中国关系上的态度和行动。巴基斯坦在对待与中国的关系上一味孤芳自赏，自我欣慰。何美兰博士最后也认为，坚信中巴传统友谊不会因各种内外因素而发生本质变化的看法的人仍占多数。

她进一步分析了中巴关系前景指出，"中巴关系的保持和进一步发展需要不断更新和拓展新的合作领域，特别需要增加两国人民间的基层交流，加强两国民众的相互信任度"。

韩晓青的《试论中巴建交及建交初期的两国关系》（《党史研究与教学》2014年第6期）则从历史视角回顾了中巴关系的发展。因为在巴基斯坦对台湾当局的不明朗、对朝鲜战争的不同看法、对西藏问题的反复等，两国建交经历了一定的曲折。鉴于中巴相互友好交往的真诚愿望等主观和客观的原因，中巴两国在1951年建立了外交关系。但是建交初期，中巴两国在一些问题上存在着分歧和矛盾。如巴基斯坦对待台湾当局前后不一的态度损害了中国的主权利益，巴基斯坦曾连续八年追随美国对中国重返联合国投反对票，在西藏问题上也干涉了中国的内政，以及巴参加"东南亚条约组织"和"巴格达条约组织"两个遏制共产主义中国的联盟等。因此，建交初期的中巴关系一直保持"不冷不热、不远不近"的状态。作者还对产生这些矛盾的原因进行了分析。

兰舟达和旷毓君的《地缘政治视角下的中巴军事技术合作》（《国防科技》2014 年第 10 期）在分析中巴政治友好的地缘政治因素和历史因素基础上，对中巴两国军事技术合作的历史和现状进行了回顾，并指出对两国军事合作的思考：一是应该由"共同敌人"转向"共同安全"；二是应该由"高政治"转为"低政治"；三是应该由单纯军事技术合作向全方位经济合作和防卫一体化转向。

李轩的《自贸协议下中巴贸易存在的问题、原因及对策研究》（《南亚研究季刊》2014 年第 1 期）则对 2006 年 11 月中国与巴基斯坦签订自由贸易协定以来中巴贸易存在的问题进行了综合剖析。文章认为，自贸协议签订后，中巴双边贸易规模有待提升，双边贸易不平衡现状需要改变，互补性贸易需要进一步扩大。为此，应该不断提升中巴贸易的合作地位，扩大中巴双边互补性贸易的范围，推进双方的自由贸易规避贸易保护主义。

何美兰博士的《谢里夫政府的经济外交政策与中巴合作》（《南亚研究季刊》2014 年第 1 期），邓海燕等的《中巴贸易现状及问题分析》（《对外经贸》2014 年第 1 期）、关煜颖的《巴基斯坦独立以来与中国关系的变迁及启示》（《湖北工业职业技术学院学报》2014 年第 6 期）以及暨南大学张音音的硕士学位论文《中国经营巴基斯坦瓜达尔港的背景、意义和挑战》等都关注了中巴关系领域内的相关问题。

（二）中巴经济走廊

戴永红研究员在《融入"丝绸之路经济带"建设——中巴能源通道的地缘政治思考》（《南亚研究季刊》2014 年第 4 期）一文从中国和沿线国家两个角度详细剖析了"丝绸之路经济带"建设的战略考量，即基于中国的外交战略转型、应对中美的"权力转移"、海陆均衡与产业转移以及防范印度等方面，而对于"丝绸之路经济带"沿线国家而言，中亚、中东和欧洲分别表现出赞成、欢迎和积极的态度，认为俄罗斯具备态度的"双重性"——正面欢迎与敏感警惕同时存在。作者认为，中巴能源通道的建设对中国有着极大的地缘政治经济影响。在国际政治方面，可以促进中国"西进南向"，为国家积极主动调整外交战略布局，确保和平稳定的国际环境提供基石；也有利于中国实施"两洋战略"，为太平洋和印度洋战略提供相应的战略支点；同时对新疆的繁荣和稳定以及加强中巴战略关系，防范欧亚大国对中国的战略利益损害有着重要作用。在地缘经济方面，能够维护国家发展安全、能源安全，有利于开展深度区域合作。这一战略对巴基斯坦有同样重要的地缘政治经济影响。政治上能够减少恐怖主义活动、加强巴基斯坦战略地位，并进一步巩固中巴关系；经济上有利于中巴通道及沿途地区的经济发展，推动巴基斯坦经济社会发展。

高会平先生的《中巴经济走廊建设中的巴基斯坦风险分析》（《东南亚研究》2014 年第 1 期）首先指出，巴基斯坦"强社会弱国家"的政治生态会成为中巴经济走廊执行效率的致命缺陷，还可能导致显现政策断层或者政策滞后。其次，恐怖主义将会成为经济走廊建设的"达摩克利斯"之剑，现实的安全威胁将对能源管道项目、产业园区建设等产生较大影响，安全环境难以得到保障。再次，中巴经济走廊建设还存在另外一个风险，那就是经济风险。巴基斯坦开放度受限的经济发展模式、相对薄弱的产业基础等难以对相关项目有效对接。最后，作者还提到了可能存在的文化风险。社会文化的差异可能会带来某种"文化壁垒"和认同错位，导致中巴产生误解。

2014 年第 3 期《战略决策研究》刊出李景峰的《中国喀什对巴基斯坦开放研究》，文章回顾了巴基斯坦独立前后中国与巴基斯坦地区的交往过程，具体介绍了中国喀什对巴基斯坦开放的现状，认为这一开放格局对我国的国家利益安全、南疆地区的稳定，共同应对地区传统和非传统安全挑战都具有重大影响和意义。中国喀什与巴基斯坦合作中也存在一些问题，需要采取积极措施进行克服。对于通过喀什通道的中巴贸易面临的一些制约，可以通过扩大在棉花、纺织品、蔬菜水果、轻工业产品、海产品、石材等领域的贸易进行弥补；要更加重视中巴通道特别是能源通道的战略意义。作者还特别指出，中国喀什对巴基斯坦开放的核心工作在于"一个中心、两个着力点"问题，"一个中心"就是以政治安全合作为中心，主要解决"稳得住"问题；"两个着力点"就是以通道建设和经贸往来为着力点，主要解决"走出去"的问题。

此外，还有张希平的《中巴经济走廊框架下推进喀什跨越式发展问题研究》（《金融发展》2014 年第 11 期）为中巴经济走廊背景下喀什的快速发展提供建议。

三　关于巴基斯坦对外关系研究

（一）美巴关系

兰江的《"冷战"时期美巴关系中的巴基斯坦军队因素》（《东南亚研究》2014 年第 3 期）对"冷战"时期巴基斯坦军队与美国相互的认知和政策取向，并以卡特执政时期对待齐亚·哈克政府的态度转变为例，分析其对美巴关系带来的影响，最后对于"冷战"时期美巴关系中的巴基斯坦军队因素做出一个较为准确的评估。文章指出，"冷战"时期，美国首先被巴基斯坦军队视为军事援助和武器装备提供者、军人政府的默许者或者批评者、不可靠的朋友与核开发的阻挠者。基于这种定位使巴基斯坦在这一时期尽最大限度与美国保持良好的双边关系。而美国在"冷战"时期对巴基斯坦军队也有着自己的认知，主要希望巴基斯坦军队能够作为抵抗共产主义的重要力量，影响和主导巴基斯坦外交政策以及政治局势等，因此，即使在美巴关系低潮期，美国仍然坚持向巴基斯坦提供武器装备，开展军方合作交流，借以最大限度地实现美国的战略意图。文章还以齐亚·哈克时期美巴两国政府和互动进行了具体分析，总结了"冷战"时期巴基斯坦军队对美巴关系的影响。

李晓妮的《杜鲁门政府的印巴分治政策》（《社会科学战线》2014 年第 2 期）则从美国对外政策角度审视了美国政府的南亚政策。美国加入第二次世界大战后对南亚次大陆的发展更加关注，但是，美国国内政治主流群体对真纳等力量是忽视的，并且不希望看到印度的分裂。20 世纪 40 年代中期以后，伴随英属印度存在的民族撕裂等问题，美国的态度更加明确：支持印度的统一。但是，美国在针对穆斯林联盟等具体问题上，表态一直很谨慎，并且也开始对巴基斯坦运动的相关组织有了新的认识。1945—1946 年度的印度大选使得美国重新审视印巴分治问题，逐渐直面印度的分裂。但是，由于这一时期美国主要关注点在美苏争霸上，主要战略地在欧洲，美国对南亚次大陆地区的关注并不够。

田光强的《奥巴马政府时期巴基斯坦的反美主义》（《印度洋经济体研究》2014 年 4 月）指出，奥巴马执政时期，巴基斯坦的反美主义日益高涨，两国民众对对方国家的好感度日益下降。原因在于美国对巴基斯坦主权和尊严的侵犯，对巴基斯坦在反恐战争中的牺牲不够重视并存在根深蒂固的不信任感，美国对巴基斯坦的战略利益不够尊重。并引用前巴基斯坦驻美大使侯赛因·哈卡尼（Husain Haqqani）的话说："美巴关系就是一个充满过多期望、诺言背弃和灾难性误解的故事。"作者还分析了巴基斯坦国内反美主义对美巴关系的影响。

（二）南亚地区形势和印巴关系

印巴关系仍然是国内学者关注的重点课题。马加力先生的《南亚地区形势的特点及其走向》（《和平与发展》2014 年第 1 期）认为，南亚地区各国政府面临的挑战十分严峻。印度腐败丑闻不断，经济增长势头受挫；巴基斯坦则面临经济持续低迷、安全形势严峻等问题。未来的南亚几国的走向也有突出特点：印度的战略地位将继续走强，巴基斯坦的稳定值得担忧，而阿富汗将面临安全真空。作者认为，中国在处理中印关系过程中应该牢记"四言"，即顶层设计、系统配套、态度真诚和措施得力。对于南亚各国，应该坚定地明确印度在我周边战略中的地位和外交全局的意义，继续加强中巴全天候战略伙伴关系，而在阿富汗问题上，中国应做到"四个争取"，即争取逐步加大介入力度，争取各方理解合作，争取更大话语权力，争取提供更多公共产品。在这个过程中，应该做到"三个力避"，即力避承担过多义务，力避各方过多猜疑，力避塔利班与三股恶势力勾结互联。

　　李健的《论阿巴安全环境的脆弱性》（《东南亚研究》2014 年第 1 期）对影响阿巴关系的两国安全问题进行了分析。因为杜兰线问题等边界纠纷和跨境民族问题的复杂性，经济形势严峻国家管理体制不完善导致的国内政局动荡，大国的角力因素，使这一地区的安全形势愈发紧张。作者认为，美国才是阿巴安全环境的最大变量，巴基斯坦则是影响阿富汗政治前途的重要力量。此外，印度、伊朗、中国多少都会对这一地区形势产生影响。

　　肖军的《近年来印巴关系之新态势：动因与挑战》（《印度洋经济体研究》2014 年 6 月）对印巴关系近年来取得的新进展进行了总结，如不断扩大政治交流，不断增进在反恐方面的交流合作，尝试进一步扩大双边经贸合作等。文章对印巴关系有新进展的原因进行了剖析，作者指出，印巴关系进一步深入发展也面临很多挑战，印度国内始终存在阻碍印巴关系友好发展的阻力，巴基斯坦军方对印度也存在根深蒂固的敌对情绪。双方对反恐问题有一定分歧，军备竞争一直处于紧张状态。此外，克什米尔问题无法找到解决途径更是从根本上影响了双边关系。

　　张威的《英迪拉·甘地政府对 1971 年印巴危机的对策研究》（《安徽史学》2014 年第 1 期）以 1971 年印巴危机为分析平台，透析印度国内各政治力量在国家制定重大危机决策过程中的互动进程及其对国家对外政策的影响。文章认为，东巴难民潮对印度政府的决策导向起重要作用，印度试图使危机国际化，为印度介入巴基斯坦的东巴问题寻找到借口。东巴危机逐步转变为印巴危机，印度很快完成对东巴军事行动计划的部署，但是，激怒东巴守军首先发动战争。印巴冲突结束后，获利最大的无疑是印度，成功地肢解了巴基斯坦，改变了南亚次大陆的地缘政治结构，获取了相应的地区和国际地位。文章最后对甘地政府的危机决策方式进行了分析。

　　陈继东和丁建军的《巴基斯坦—沙特关系与中国的印度洋地区外交》（《南亚研究季刊》2014 年第 2 期）对巴基斯坦和沙特关系进行了探讨。文章从 20 世纪 70 年代以前、20 世纪 70 年代到 21 世纪初、21 世纪初到 2007 年和 2008—2013 年四个阶段对巴沙关系的进展进行了解读，指出两国在促进伊斯兰国家合作和地区与国际事务合作都起到重要作用。作者认为，形成巴沙相对亲密关系的要件主要有文化认同、互补性、美国因素等。而巴沙关系也对中巴经济走廊、海上丝绸之路的推进以及中国的印度洋地区外交都将起重要作用。

　　郭秀玲从建构主义视角剖析了印巴冲突存在的根源和特征（《开封教育学院学报》2014 年第 10 期），刘坤丽则对巴基斯坦独立以来的对外经济关系进行了分析（《学理论》2014 年第 3 期）。

四 关于巴基斯坦经济社会发展的研究

（一）经济发展

2014 年，国内学者围绕巴基斯坦经济发展、经济政策等开展的研究主要有以下论文性成果：殷永林的《近期巴基斯坦经济发展走势分析》（《南亚研究季刊》2014 年第 4 期）蒋力和汪璠的《巴基斯坦电力企业三角债成因分析及对策研究》（《企业导报》2014 年第 24 期）、刘佳的《对巴基斯坦公共债务问题的探析》（《经营管理者》2014 年第 1 期），陈建名的《巴基斯坦商业银行业的结构和表现探析》（《经营管理者》2014 年第 9 期）、姚杰的《巴基斯坦水电建设市场投资风险防范浅议》（《水利水电施工》2014 年第 1 期）、邹珍妮的《论巴基斯坦新政府应对能源现状的政策》（《经营管理者》2014 年第 7 期）、田甜和杨伟的《新形势下巴基斯坦水电投资机会与风险分析》（《企业科技与发展》2014 年第 14 期），以及 Mubarik Khan 的《巴基斯坦太阳能商机无限》（《中国经济报告》2014 年第 2 期）。

殷永林教授指出，2013—2014 年度，巴基斯坦的财政赤字下降，通货膨胀率降低，对外贸易逆差改善，宏观经济形势有所好转，经济增长已经逐步回升。但是，综合各种情况来看，巴基斯坦经济的可持续发展能力依然不强，因为国内投资能力较弱，经济结构中农业所占比重太大，人力资本开发程度不高，基础设施薄弱，以及多种非经济因素的影响等。

蒋力和汪璠的《巴基斯坦电力企业三角债成因分析及对策研究》指出，巴基斯坦电力三角债是造成巴基斯坦能源危机的重要原因，并针对性地从管理和技术上提出了解决巴基斯坦电力"三角债"的对策：一是逐步改变电力结构，逐步降低燃油和燃煤发电的比例；二是更新原有输电设备，引进先进的远程监控技术，提高对电网的管理能力。值得一提的是，蒋力担任巴基斯坦中水电顾问大沃电力有限公司行政总监兼公司秘书，其引用的数据均为巴基斯坦获得的第一手资料，资料可信度较高。

田甜等也在关注巴基斯坦的水电投资等方面的问题。在《新形势下巴基斯坦水电投资机会与风险分析》一文中，田甜等以亲身经历对巴基斯坦的能源现状进行了解读，以巴基斯坦政府的《电力政策 1994》和《电力政策（2002）》为例，对巴基斯坦投资电力的政策进行了解读。作者针对中国的投资机会和投资风险进行了分析，认为中巴友好关系为在巴投资提供了有利的政商环境，巴基斯坦有着巨大的电力缺口且待开发的水利资源丰富，巴基斯坦政府可以提供担保，进而降低了政策风险等。同时，中国投资商在投资巴基斯坦水电工程时也会面临一些风险，主要有战争和恐怖活动的风险，水电开发投资大回收期长，投资商需要适应当地的环境，征地移民面临困难。最后作者还对可能的水电投资提出了简要建议。

　　Mubarik Khan 作为科技专栏作者，在为《中国经济报告》（2014 年第 2 期）撰文《巴基斯坦太阳能商机无限》指出，巴基斯坦有大量的光伏发电和热力发电形式的太阳能能源，但是，要普及大众，还是要大量投资。作者特别以巴基斯坦政府 2006 年发布的《使用可再生能源发电政策》为代表介绍了巴政府促进、引导和激励可再生能源建设项目的政策，从一般性激励政策、财政激励和金融激励政策均简要进行了阐述，最后指出中国企业大有可为，在巴基斯坦的长远前景将是非常广阔。

（二）社会发展

　　Azmet Rasul 和 Stephen D. Mcdowell 的《管制名义下的兼并：巴基斯坦传媒所有权集中化》（《全球传媒学刊》2014 年第 11 期）从传媒政治经济学的视角探究巴基斯坦媒体管制和传媒所有权集中化之间的关系。作者先后以独立传媒集团、Waqt 传媒集团、先驱出版集团、世纪出版集团四大巴基斯坦传媒集团的运营发展为例进行了系统分析，指出，四大传媒集团掌控着巴基斯坦主流媒体商业运作的各个方面。它们能够通过巨额投资、协作机制以及横向、垂直、交叉扩张等方式保持它们对传播资源的寡头控制。巴基斯坦电子媒体管理局由于官僚主义的作风没能抑制跨媒体所有权的发展，也没能利用其权力实行有效的管制。作者最后认为，电子媒体管理局需要积极抑制跨媒体所有权，以防止媒体资源集中在少数人手中。"内容、资源和机构的多样性对于巴基斯坦媒体生态的健康运转至关重要"，对鼓励巴基斯坦国内多元文化、协商民主以及自由表达权的发展起到重要作用。

　　石水海的《巴基斯坦旁遮普省教育基金会资助私立学校项目述评》（《基础教育》2014 年第 9 期）对该基金会进行了详细介绍，对受资助学校的遴选过程、项目运行规则和发展情况等进行了解释。向文华的《巴基斯坦社会保障制度的发展与评价》（《南亚研究季刊》2014 年第 2 期）对巴基斯坦社会保障制度的建立发展历程进行了认真梳理，对 2008 年人民党上台执政后的社会福利政策给予了介绍，认为"由于缺乏整体战略，这些单个的项目仍然是临时的、应急的和分散的。由于缺乏监管、评价的可信机制，人们很难评估是否现有社会保障项目都实现了其目标"。中国国际广播电台孙伶俐则对中国国际台在巴基斯坦成功落地进行了外延思考，指出国际台在巴基斯坦的"内容本土化、人才本土化和运营本土化"将为中国国际台未来在其他国家落地提供参考。

　　宋华琴的《试析影响巴基斯坦民族服饰设计的因素》还对巴基斯坦民族传统服装进行了概要介绍，对形成其民族服装特色的因素从地理环境和宗教文化两个角度进行了分析。

五　关于巴基斯坦工程的研究

　　近年来，随着中国企业在巴基斯坦投资的逐渐增多，中国的工程技术人员对在巴基斯坦投资项目的针对性研究和总结也越来越多。2014 年，围绕巴基斯坦 Neelum – Jhelum 水电工程（以下简称 N—J 工程）的研究就有 3 篇文章，分别是冯兴龙等的《巴基斯坦 N—J 水电工程引水隧洞开挖关键技术》（《人民长江》2014 年第 1 期）、王可等的《巴基斯坦 N—J 水电站尾水阀帽门设计》（《人民长江》2014 年第 11 期）和陈恩瑜的《浅析巴基斯坦 N—J 水电工程土建施工技术管理》（《人民长江》2014 年第 12 期），作者分别为中国葛洲坝集团巴基斯坦 N—J 项目部，以及长江勘测规划设计研究有限责任公司等，均有第一手施工资料，对于希望了解相关工程项目施工情况的研究者提供了便利。

　　王勇的《巴基斯坦信德省塔尔沙漠 II 区块露天矿地下水控制》对中国神华集团有限公司和巴政府联合开发的塔尔煤田项目做了详细的工程分析。在对矿区水文地质概况进行分析的基础上，提出采用疏干井方式抽取地下水的必要性并预测了工程量，还使用国际通用的地下水数值分析软件 Visual Mod-Flow 进行了数值模拟分析。

　　边永民的《跨界河流利用中的不造成重大损害原则的新发展——以印巴基申甘加水电工程案为例》（《暨南学报》2014 年第 5 期）则以国际法视角重新审视了该水电工程案所涉及的国际法准则、所产生的争论以及对我国今后处理类似事件时的启示。作者认为，上游国家的活动对下游国家的利益不造成重大损害在时间上不是绝对的；不造成重大损害原则不仅仅适用于对下游国家造成的重大环境影响，还适用于对下游国家已经存在的工程造成的严重影响；只有对下游的重大影响才能阻止上游国家的利用活动。同时，不造成重大损害原则表明：对于微小的损害，受影响国家应该予以容忍。同时，不造成重大损害不等于不存在重大损害风险。在此基础上，对跨界河流项目的早规划、早建设仍然是正确的决策；既不要忽视重大影响，也不必被微小影响束住手脚。我们对于在国际河流上的工程和项目，应该进行环境影响评估。在决策的实施上，"要考虑适时公开信息和通知有关受影响的国家，同时要进行扎实和科学的环境影响评价"。

　　此外，徐大程的《巴基斯坦改造项目站内最短区段长度计算及解决方案》（《铁路通信信号工程技术》2014 年第 12 期）对参与改造的巴基斯坦 33 个车站 428 公里信号系统的升级改造工程进行了介绍。岑知达的《巴基斯坦真纳水电项目工程中混凝土的施工技术》（《科技资讯》2014 年第 20 期）以真纳水电工程这一中国企业海外工程为例，对水闸施工中混凝土的施工技术进行了探讨。

2014 年有关中巴关系、巴基斯坦和 "一带一路" 相关会议介绍

中巴智库战略合作研讨会第二届年会在伊斯兰堡举行

3 月 24 日，由巴基斯坦信息技术学院主办的第二届 "中巴智库战略合作研讨会"（the Second Session of the China – Pakistan Think Tanks Strategic Cooperation Seminar）在伊斯兰堡巴中友谊中心举办，来自国内清华大学、复旦大学、四川大学、江苏师范大学等巴基斯坦研究机构知名学者和巴基斯坦多所研究机构和高校的学者出席会议。巴基斯坦国会参议员、国防与国防生产委员会主席 Mushahid Hussain 先生、前驻中国大使 Zaki 先生主持会议并发表了热情洋溢的致辞。会议围绕中巴关系相关议题展开了为期一天的讨论。

（源于江苏师范大学巴基斯坦研究中心网页）

"巴中经济关系" 学术研讨会在拉合尔举办

3 月 26 日，由巴基斯坦旁遮普大学人文学院及巴基斯坦研究中心和江苏师范大学巴基斯坦研究中心联合主办的 "巴中经济关系"（Pak – China Relations: Growing Economic Ties）学术研讨会在巴基斯坦拉合尔举行。来自巴基斯坦旁遮普大学、江苏师范大学、内蒙古赤峰学院等两国高校和科研机构学者出席会议，与会人员围绕中巴经济走廊建设等相关话题展开讨论。

（源于江苏师范大学巴基斯坦研究中心网页）

"推动中巴关系再上新台阶" 研讨会在伊斯兰堡举行

3 月 26 日，由巴基斯坦伊斯兰堡政策研究所举办的 "推动中巴关系再上新台阶" 研讨会在巴首都伊斯兰堡举行，中国驻巴基斯坦使馆临时代办姚文、巴基斯坦参议院领袖扎法尔、巴基斯坦外交秘书、前驻华大使巴希尔、伊斯兰堡政策研究所主任拉赫曼等出席活动。

　　姚文在发言中表示，中巴两国作为全天候战略合作伙伴，将致力于打造"中巴命运共同体"，这要求两国齐心协力，建立更加亲密的政治关系，打造更加紧密的经济纽带，深化安全方面的合作，加强人文领域的交流。"命运共同体"的概念是中国首次对另一个国家提出，凸显了对中巴关系的高度重视，也展示出中巴患难与共的决心。此外，"命运共同体"也为双边关系补充了新内容，设立了新目标，是中巴传统友谊的一座里程碑。

（源于人民网相关报道）

"丝绸之路经济带"国际研讨会在乌鲁木齐开幕

　　6 月 26 日，"丝绸之路经济带"国际研讨会在乌鲁木齐开幕。中共中央政治局委员、新疆维吾尔自治区党委书记张春贤，国务院新闻办公室主任蔡名照出席开幕式并致辞。

　　张春贤说，去年 9 月，习近平主席在出访中亚四国时，首次提出共同建设"丝绸之路经济带"的战略构想。这一战略构想既传承了以团结互信、平等互利、包容互鉴、合作共赢为核心的"古丝绸之路"精神，也顺应了求和平、谋发展、促合作、图共赢的时代潮流。

　　张春贤表示，新疆作为中国向西开放的桥头堡，在"丝绸之路经济带"中具有十分重要的地位。中央第二次新疆工作座谈会特别提出，要加快新疆对外开放步伐，着力打造"丝绸之路经济带"核心区，这是新疆的重大历史机遇。新疆将发挥亚欧大陆核心地带的地缘优势、四大文明交会的文化优势、富集的资源优势，利用经济社会发展的黄金时期，加大全方位开放力度，把新疆建设成为"丝绸之路经济带"的区域性交通枢纽中心、商贸物流中心、金融中心、文化科教中心和医疗服务中心，以及国家大型油气生产加工和储备基地、大型煤炭煤电煤化工基地、大型风电基地和国家能源资源陆上大通道，努力当好建设"丝绸之路经济带"的主力军和"排头兵"。

　　蔡名照在致辞中说，"丝绸之路经济带"战略构想承接古今、连接中外，赋予了"古老丝绸之路"崭新的时代内涵，是一项造福于沿途各国人民的伟大事业，将成为引领欧亚合作发展的一面旗帜，为建设共同发展、共同繁荣的美好世界提供了新思路、新路径。他表示，建设"丝绸之路经济带"，需要坚持和弘扬丝路精神，坚持相互尊重，相互信任，坚持互利合作，共建共享，坚持交流互鉴，和谐共处。要大力促进各国人民之间的相互了解，扩大沿途各国民间交往，加强人文交流与合作，加深沿途各国人民的友谊。各国媒体应多报道沿途各国经贸合作、友好交往的情况，把共建、共享、共赢、共荣的信息传递给各国人民，为"丝绸之路经济带"建设汇聚正能量，夯实沿途各国心相连、路相通的民意基础。

商务部国际贸易谈判代表兼副部长钟山和国家发展改革委秘书长李朴民发表了主旨演讲。

"丝绸之路经济带"国际研讨会由国务院新闻办公室主办，中国社会科学院、中国外文出版发行事业局、新疆社会科学院共同承办，来自中国、俄罗斯、印度、哈萨克斯坦、吉尔吉斯斯坦、阿富汗、土耳其、美国等20余个国家的百余名专家学者围绕"丝绸之路：过去、现在和未来""共建丝绸之路经济带，打造互利共赢的利益共同体"相关议题展开深入交流研讨。

（源于新华网）

"一带一路"建设与连云港发展专家研讨会在连举行

7月9—10日，作为由中国交通运输协会、中国海员建设工会全国委员会、中国航海学会、中国船东协会和连云港市政府联合主办的第五届中国国际航运文化节重要经济文化活动之一的"一带一路"建设与连云港发展专家研讨会在连云港召开。研讨会上，来自交通运输部水运科学研究院、中国航务周刊等单位的专家就"一带一路"建设与连云港如何加快发展进行了研讨。

（源于中国江苏网）

中巴建设新时期"中巴命运共同体"智库研讨会在巴基斯坦举办

2014年8月5—6日，由中国驻巴基斯坦大使馆和巴外交部共同主办的"中巴建设新时期'中巴命运共同体'智库研讨会"在伊斯兰堡中巴友谊中心隆重举行。中国驻巴基斯坦伊斯兰共和国特命全权大使孙卫东、巴总理外交与安全事务顾问阿齐兹主持开幕式，并发表演讲。孙卫东在致辞中说，中巴友好往来源远流长，经受住了国际风云变幻的考验，堪称国与国交往典范。我们需要将深厚友谊转化成切实合作成果，夯实双边关系基础，提升合作水平，为两国人民创作更多实惠。阿齐兹致辞说，对华友好一直以来都是我们外交政策的基石。两国友好合作的势头稳步向前，并在过去一年多进入到全新阶段。巩固巴中关系不仅需要政治和军事领域合作，更需要加强经贸领域联系。

中巴双方参会人员围绕中巴关系、中巴经济走廊、阿富汗局势以及地区安全与反对恐怖主义等问题进行了深入交流和研讨。6日，巴总理外交与安全事务特别助理哈塔米主持了闭幕仪式并做总结发言。

（源于人民网、新华网等相关报道）

"一带一路"战略法律保障研讨会召开

10 月 25 日,"一带一路"战略法律保障研讨会在西北政法大学召开。本次会议由中国法学会主办、西北政法大学承办,来自新疆法学会、甘肃省法学会、陕西省法学会、西安市法学会、新疆大学、兰州大学、甘肃政法学院、西北政法大学以及来自 21 世纪海上丝绸之路沿线的浙江省法学会、福建省法学会、温州市法学会、台州市法学会、舟山市法学会、泉州市法学会、漳州市法学会、华侨大学等地方法学会及高校的近 60 名代表出席研讨会。此次研讨会旨在探讨"一带一路"建设法律保障的必要性与可行性、如何构建"一带一路"法律保障机制、沿线各省市法学会及法律院校可以提供哪些资源以及如何做好短中长期计划与发展战略等问题。研讨会由中国法学会对外联络部主任谷昭民主持。

(源于中国社会科学网站等)

中国南亚学会 2014 年年会召开

2014 年中国南亚学会年会暨四川大学南亚研究所成立 50 周年纪念大会于 2014 年 12 月 5 日在四川成都召开。来自国内近 80 家南亚研究相关机构的 160 多名专家学者出席了会议。四川大学副校长晏世经教授主持了会议开幕式,四川大学校长谢和平院士以及中国南亚学会会长孙士海研究员先后致辞。四川大学南亚研究所常务副所长李涛研究员主持了主旨发言。随后,在题为"转型中的南亚:新形势、新机遇、新思考"的主旨发言中,四川大学党委常务副书记罗中枢、上海国际问题研究院前院长杨洁勉、前驻印度等国大使周刚、清华大学经济管理学院教授李稻葵、中国社会科学院亚太与全球战略研究院院长李向阳、前驻加尔各答总领事毛四维以及四川大学南亚研究所前所长文富德等先后做主旨报告。

本届年会会议为期两天,采取分组讨论形式,共设置了"南亚政治外交"、"南亚经济发展"和"南亚社会文化"三个讨论组。

(源于中国南亚网)

共建"一带一路"国际研讨会召开

12 月 12 日,为推进"一带一路"建设,由中国国务院发展研究中心、土耳其总理办公室、土耳其外交部、国际关系和可持续发展中心(CIRSD)、土耳其战略研究中心（SAM）、土耳其政治经济社会研究基金会（SETA）共同主办的"共建'一带一路'：历史启示与时代机遇国际研讨会"在土耳其伊斯坦布尔召开。

土耳其总理达武特奥卢（H. E. Prof. Ahmet Davutoglu）、土耳其外交部长恰武什奥卢（H. E. Mr. Mevlut Cavu Soglu）专门发来书面致辞。黑山共和国副总理兼外交部长卢克西奇（H. E. Dr. Igor Luksic）、马其顿交通运输部部长雅那科斯基（H. E. Mr. Mile Janakieski）、阿尔巴尼亚能源工业部副部长都卡（H. E. Mr. Dorjan Ducka）、巴基斯坦前总理阿齐兹（H. E. Mr. Shaukat Aziz）、西班牙前外交部长莫拉丁诺（H. E. Mr. Miguel Angel Moratinos Cuyaube）等"一带一路"沿线国家代表，以及中国国务院发展研究中心主任李伟、副主任来有为，外交部国际经济司副司级参赞高振廷，国家发改委西部司副司长欧晓理，中国社会科学院世界经济与政治研究所所长张宇燕，北京大学国际关系学院教授翟崑，敦煌研究院文献所副所长沙武田，中国驻土耳其大使郁红阳，中国驻伊斯坦布尔总领事顾景奇等中方官员和学者出席研讨会并发表演讲。来自中国、土耳其、黑山、阿塞拜疆、阿尔巴尼亚、克罗地亚、巴基斯坦等国家和国际组织的数十位官员和学者围绕大会五个议题进行了广泛深入交流讨论。

中外代表围绕"一带一路"倡议，就经济贸易合作、基础设施建设、文化交流互鉴、生态环境保护、智库合作等方面内容坦诚交流，深入讨论。参加研讨会的智库代表对构建"一带一路"机制化的智库合作平台达成共识，由国务院发展研究中心、国际关系和可持续发展中心共同倡议建立"一带一路智库网络"（SRTN），得到与会代表的积极支持与响应。

（源于国务院发展研究中心网站等）

"一带一路"与生态安全战略研讨会在京召开

12月12日，由生态经济战略研究所主办的2014年年会暨"一带一路"与生态安全战略研讨会在北京举办。国务院发展研究中心前副主任、中国城乡发展国际交流协会会长孙晓郁，外交部前副部长、博鳌亚洲论坛秘书长周文重出席并发表致辞。国家海洋局副局长王宏做主题发言，来自国家宗教事务局、国家外汇管理局、生态经济战略研究所、国家发展和改革委员会对外经济研究所、中国社会科学院拉丁美洲研究所、清华大学国际传播研究中心、亚太脱盐组织、中国友好和平发展基金会、重庆大学、中国国际战略研究基金会、中国新兴经济体研究会、新华社瞭望新闻周刊、天津市商务委员会、中国船舶重工集团中国远舟公司、青海聚能活力源饮料有限公司的代表先后作为嘉宾发言，就如何认识"一带一路"战略对中国及世界发展的意义、如何推动有关沿线国家共同构建互联互通网络、如何化解"一带一路"区域外部力量的压力以实现互利共赢、如何看待生态安全与"一带一路"的关系等问题进行了交流探讨。

（来源于中国网等）

"'一带一路'与亚洲命运共同体"研讨会在京举行

12 月 26 日，由外交学院主办的"'一带一路'与亚洲命运共同体"研讨会暨外交学院亚洲研究所成立十周年系列活动在北京召开。中国外交部部长助理钱洪山出席开幕式并发表主旨演讲，外交学院院长秦亚青致辞。外交部、商务部和发改委官员，驻外使节、资深外交官和前驻亚洲国家大使，以及国内知名国际问题研究专家等百余名代表出席活动。

钱洪山在发言中表示，"一带一路"是亚洲腾飞的两大翅膀，以经济合作为主轴，以人文交流为支撑，以开放包容为理念，通过实施政策沟通、设施联通、贸易畅通、资金融通、民心相通，积极主动地发展与沿线国家的经济合作伙伴关系，共同打造政治互信、经济融合、文化包容的利益共同体和命运共同体。推进"一带一路"建设的过程就是逐步实现亚洲命运共同体的过程。

与会学者在研讨会，就"'一带一路'与亚洲命运共同体"的重要意义、观念基础和实践活动，从政治安全、经济和社会人文三个方面展开深入探讨。与会代表一致认为，建设"'一带一路'与亚洲命运共同体"是我周边外交工作的重要课题。"一带一路"倡议的提出，就是加强与周边国家互联互通，建设亚洲命运共同体的一项重要战略性举措。与会代表指出，"'一带一路'与亚洲命运共同体"建设是一个长期和开放的过程。学术和政策研究应抓住历史发展机遇，为"'一带一路'和亚洲命运共同体"战略提供智力支持，为周边外交和亚洲合作服务。

（源于人民网等）